U0127989

文質彬彬・下冊

目次

第六章

走向審美自由王國的詩歌藝術

第七章

「文」「道」矛盾的發展形態

第八章

「道」與「藝」：正統觀念的突破與昇華

下編

藝與道

第一章

「藝」與「道」的觀念發生

　　我們已對「文」與「質」這一對審美範疇進行了一番考察，現在，再來研究一下另一對審美範疇──「藝」與「道」。

　　「藝」與「道」的觀念和「文」與「質」的觀念，是同時發生的，都直接與孔子的言論有關。《論語》〈述而〉記孔子的話說：「志於道，據於德，依於仁，游於藝。」「道」與「藝」，分別列於人的主體意識與實踐序列的兩端。老子反對人為的「文」亦不說「藝」，但莊子卻大講「道」與「藝」，《莊子》〈天地〉篇說：「通於天地者，德也；行於萬物者，道也；上治人者，事也；能有所藝者，技也。」在進入「藝」與「道」的審美範疇之前，有必要分別考察一下這兩個觀念是怎樣發生的。

第一節　藝‧技藝術

「文藝」，今天已作為一個常用詞，實際上，「文」與「藝」是兩個完全不同的觀念，它們最初的發生及其擁有的內涵各有所宗，只是它們的外延在某些範疇內有交合現象，才被後來的人們視為一種特殊的意識形態和社會存在。「文」，已如前述，不管是作為「天文」還是「人文」，作為政化、事績、修身之「文」還是作為更具體的「形文」「聲文」「情文」，都是以種種美感形態呈現在人們的審美感官前，是與「質」相適應的種種美的形式。「文」的顯現和存在，有的可以不取決於人的主觀願望，如「天文」，即自然界之美，是自然發生的，人只要善於去發現它，正如法國偉大的雕塑家羅丹所說，「自然總是美的」，「美是到處都有的。對於我們的眼睛，不是缺少美，而是缺少發現」。

「藝」的觀念不同，它發生於人的行為範圍之內，是人的主觀願望、意志付諸實踐而產生的行為現象。「藝」的本質意義，就是人們有意識地從事各種物質的和精神的創造，在創造過程中有某種特殊的行為表現，如原始人用天然的石頭製造打獵的器具，他要把石頭打磨一番，使之呈現各種幾何圖形，並有熠熠光澤，他便發生了有工藝性質的行為。當這種特殊的行為進行得更精細、更自覺，行為物件就會產生「文」，就會創造出不同於自然美的人為之美，前所述之「人文」，就是這樣逐漸地發生的。「人文」，必須取決於人的主觀願望和行動，廣義地說，凡是人的一切物質和精神的創造，都是「藝」，也都是「文」。

藝（藝，《說文》作「（埶丮）」：「種也，從埶丮，持亟種之。《書》曰：『我（埶丮）黍稷』。」「埶」，古字形為 𡎸，意為「土抉埶埶也」；

「丮」，古字形為𠂤，意為「持也，象手有所丮據也」。「埶」，今之「藝」字，原始之義，就是手持工具，不失時機地在土地上耕作（「坴」，徐鍇注曰：「承天之時，因地之利，口謀之，手執之，時不可失，疾也」）。可見，「藝」，最早就是表現人的一種勞動觀念。人們把在土地上種植莊稼稱為「藝」，《詩》〈唐風〉〈鴇羽〉反映外戍士卒因「王事靡盬」，而發出「不能蓺稷黍」「不能蓺稻粱」的歎怨，由此，後來說到「藝樹」「藝圃」等時，都將「埶」加上草頭，「藝」之物件為植物也。

　　「藝」是一種勞動行為，行為的結果是「成於事」，行為要有完滿的結果，又要求行為主體有一定的技巧與能力，所以「藝」又引申出「技」與「才」之義，「技藝」「才藝」常常並稱。《尚書》〈金滕〉有「乃元孫，不若旦多材多藝」，《論語》中「游於藝」「求也藝」及莊子說「能有所藝者，技也」「說聖耶，是相於藝也」（〈在宥〉），主要都是指行為實踐中的某些技巧與才能。有才藝的人被稱為「藝人」，《尚書》已有「藝人表臣、百司」的記載，凡是那些「創機巧以濟用，總音數而並精者」，都是「藝人」（《抱朴子》〈行品〉）。

　　到了孔子的時代，「藝」之本義——種植，雖然還經常使用，但「藝」的內涵又擴大了，首先是擴大到統治者的行為和為統治階級服務的種種行為，所謂「游於藝」，具體指的是禮、樂、書、數、射、禦（據何晏注），即六種「藝事」，朱熹解釋此語說：「遊者，玩物適情之謂，藝則禮樂之文，射、禦書數之法，皆至理所寓而日用之不可闕者也。朝夕遊焉，以博其義理之趣，則應務有餘，而心亦無所放矣。」[1]這是一種很委婉的說法，其實「六藝」對孔子及其弟子們來說，都只

1　朱熹：《四書集注》〈論語〉〈述而〉。

是服務於人的六種本領而已，禮、樂是較高級的藝事，射、禦便是低級的了，是「六藝之卑」，鄭玄稱之「伎藝」。孔子本人也認為，比起治國平天下的大本領來，學習小藝，在他，是不得已而為之的事。有位當「太宰」的官員問子貢，說你的老師「何其多能也」，子貢不無自豪地說，我的老師是上天讓他成為聖人的，所以賦予他多種才能。孔子得知後，對子貢的稱譽性回答並不首肯，而是說，我早年地位卑下，所以多學了一些「鄙事」，真正有地位、有權力的人不必「多能」。他另一個學生琴牢轉述過孔子另一句話：「吾不試，故藝」（《論語》〈子罕〉），意思是，我治國平天下的大本領不能用於世，一試鋒芒，只能學些小本領。

到漢朝以後，「藝」的觀念內涵還在擴大並發生新的變化，將技藝與方術聯繫起來，出現了「藝術」一詞。東漢順帝永和元年（136），劉保「詔無忌與議郎黃景校定中書、《五經》、諸子百家、藝術」[2]。此時的「藝」，把「禮」「樂」兩項請出去了，因為這是朝廷、廟堂之盛事，不屑與「鄙事」並稱，「藝謂書、數、射、禦，術謂醫、方、蔔、筮」（《後漢書》李賢注）。北齊魏收作《魏書》，將占候、堪輿、醫蔔之類的人物，都列入《術藝列傳》，唐初房玄齡等人奉敕編修的《晉書》中，也有《藝術傳》，其序云：

藝術之興，由來尚矣。先王以是決猶豫，定吉凶，審存亡，省禍福。曰神與智，藏往知來，幽贊冥符，弼成人事。既興利而除害，亦威眾以立權，所謂神道設教，率由於此。然而詭托近於妖妄，迂誕難可根源，法術紛以多端，變態諒非一緒，真雖存矣，偽亦憑焉。聖人

2　　《後漢書》卷五六《伏湛傳附伏無忌》。

不語怪、力、亂、神，良有以也。逮立明首唱，敍妖夢以垂文；子長繼作，援龜策以立傳，自茲厥後，史不絕書。……

　　詳觀眾術，抑惟小道，棄之如或可惜，存之又恐不經。……今錄其推步尤精，伎能可紀者，以為《藝術傳》，式備前史云。（《晉書》卷九十五，列傳第六十五）

　　進入《藝術傳》的是些什麼樣的「藝術家」呢？有「天文、算曆、陰陽、占候，無不畢綜，尤善風角」的陳訓，「善占卜，能圖宅相塚」即風水先生韓友……絕大多數是「能《易》筮」「道術」之人，更有趣的是把印度來的和尚鳩摩羅什也列在內。

　　當然，這種「藝術」觀念主要見於正史，突出這一觀念是指某些特殊的行為和本領。因為是「鄙事」，似乎「文學」之類雅事不屑成為此種行為的物件，雖然，建安時徐幹所著《中論》已將「文藝」合稱，南朝時劉勰也有了「馭文之術」的說法，樂藝、畫藝、書藝、詩藝亦見之于文人們的談論（《世說新語》〈巧藝〉篇包括繪畫與書法），但直到清代，《圖書集成》，不過是將書、畫與方伎並列罷了。

　　總之，古代「藝」的觀念發生和演變，都表明「藝」不像「文」那樣具有審美的自覺傾向，概而言之，它主要是人們解決生存、生活需要所發生的行為，從而逐漸形成種種特殊才能與本領。「六藝」之中只有禮與樂，具有當時的「文」與今天所說的「藝術」的性質，因為行禮時須有儀式之美、禮器之美、服飾之美以及儀式進行中的左右周旋、進退俯仰、禱告贊唱，逐漸發展為音樂舞蹈之美。「樂」則早已定為「聲文」，樂奏「中和」之音，是「盡美矣，又盡善也」。禮、樂之所以與書、數、射、禦同列，是因為它們都須要通過一定的技藝才能實現。大凡須用一定的技術手段去實現的一切物質和精神的創造，都

可歸入「藝」的範疇，所以上至「天文曆算」，下至「圖宅相塚」之「眾術」，全成為「藝術」了。

第二節　道・天道・人道・藝道

「道」，最初只是一個普通的名詞，與動詞「行」通義，甲骨文「行」寫作 ⿰彳亍，有行走而四通八達之意。後來從「行走」創造出「道」字，《說文解字》寫作 ⿺辶首，釋曰：「所行道也，從辵從𩠐，一達謂之道。」辵，「乍行乍止也」，即「走」之義，𩠐，「首」也。人昂首朝一個目標走去，「一達」也。因此，「道」的本義就是人走的、四通八達的道路。《詩》〈小雅〉〈大東〉云：「周道如砥，其直如矢。」通向周的都城的大路，平坦得如磨刀石，直得像一條箭杆。

因為道路通向何處，有它的規定性，有明確的走向，人沿著道路而行，運動不息，於是我們聰明的先人便發生了聯想：天上的日月星辰晝夜不息地運行，是否也在沿著一條無形的道路在行走呢？春秋時代的天文學家便提出了「天道」的觀念，運用「天道」一詞表述日月星辰的運行有它們固定的軌道，何時在何種位置出現，都有嚴格的規定性，如此不斷地循環往復，又顯示出它們運行的規律性，尤其是季節與氣候的變化，更有人們難以直接把握的奧妙事理在其中。范蠡說：「天道皇皇，日月以為常。」「天道」就是日月運行周而復始的不變的規律，「日困而還，月盈而匡」，就是「天道」運行的內容（《國語》〈越語〉），它們都不以人的意志為轉移。

因為日月星辰運行引起晝夜、氣候的變化，繼而引起自然界一切生物包括人生死盛衰的變化。於是，當時一些具有唯物主義的思想家又用「天道」來說明世間各種事物、各種現象變化的總規律。范蠡又

說：「天道盈而不溢，盛而不驕，勞而不矜其功。」這就從「天道」引申出了富於哲學意蘊的道理，他們首先運用「天道」變化的規律來論證某些國家、某些朝代由興盛走向衰亡的不可避免性。《左傳》〈庄公四年〉記載楚武王伐隨，武王夫人鄧曼知此行凶多吉少，說：「王祿盡矣，盈而蕩，天之道也。」後來，伍子胥也說過同樣意思的話：「盈必毀，天之道也。」（《左傳》〈哀公十一年〉）這些議論都說明，上古時代的先人已經意識到，世界上一切事物的變化，一切現象的呈示，都像日月星辰的運行一樣，「日困而還，月盈而匡」，也會有由盛而衰的轉化，發展到了頂點就必然走向它的反面。

　　以上「道」與「天道」的觀念，都還是人們對於客觀事物的認識停留在直觀的階段，但他們的感性認識已開始向理性的認識飛躍，如對「天道」就有「盈虛」變化的體認，並用來附比王朝政事。但是，將「道」上升到哲學的範疇，並賦予其純理論的色彩，則是老子。

　　老子道的觀念不但超越了道路之「道」，又超越了「天道」。《老子》〈二十五章〉云：

　　有物混成，先天地生。寂兮寥兮，獨立而不改，周行而不殆。可以為天下母。吾不知其名，字之曰「道」，強為之名曰「大」。

　　這個「道」，實質上就是宇宙的本體，因為它是「天下母」，所以日月運行的「天道」亦從它而出；這個「道」，囊括了「天道」「地道」「人道」，它們之間的關係是：「人法地，地法天，天法道，道法自然。」（《老子》〈二十五章〉）日月運行是人的眼睛可以見到的，天氣變化是人可以感覺到的，總之都是可以名狀的。但是，作為宇宙本體的「道」，卻是超感官、超名相、超理性，只可體悟而不可言說的實體、

實在：

> 視之不見，名曰夷；聽之不聞，名曰希；搏之不得，名曰微。此三者，不可致詰，故混而為一。其上不皦，其下不昧，繩繩不可名，複歸於無物。是謂無狀之狀，無物之象，是謂惚恍。迎之不見其首，隨之不見其後。執古之道以馭今之有，能知古始，是謂道紀。（《老子》〈十四章〉）

在老子看來，「道」的本質就是「無」，就是「虛」，「道」既包容一切又不見一切。沒有顏色故「視而不見」；沒有聲音故「聽而不聞」；沒有形體故「搏之不得」，大得無終無始，故「迎之不見其首，隨之不見其後」。無法形容它，人們的感官根本不能把握它，因此，只能把它叫作「無」。

這個「無」，不是空無一切之無，它只是無任何具體的可由人的感官直接把握的屬性。但它又包容無限，「湛兮，似或存」（《老子》〈四章〉），「綿綿若存，用之不勤」（《老子》〈六章〉），雖然這「無」是不可憑感官感知的，卻不是不存在，又是一種實存、實在。「無名，萬物之始；有名，萬物之母」（《老子》〈一章〉），在虛無之中，它實際上在孕育著萬物，「無」中生「有」，即「天下之物生於有，有生於無」（《老子》〈四十一章〉）。若按老子這一觀念序列，日、月都是屬「有」的範疇，為「無名之道」所生。後來，莊子又發揮了老子這一觀點，他承老子「道沖而用之，或不盈。淵兮，似萬物之宗」（《老子》〈四章〉）之說，稱「道」為「大宗師」，在《莊子》〈大宗師〉篇中寫道：

> 夫道有情有信，無為無形；可傳而不可受，可得而不可見；自本

自根，未有天地，自古以固存；神鬼神帝，生天生地；在太極之先而不為高，在六極之下而不為深，先天地生而不為久，長於上古而不為老。

這個「先天地生」而又「生天生地」的「道」，實在有點神秘莫測，但是老子又賦予「道」一種特質，即「道法自然」。這個「自然」不是我們常說的物質的自然界，他的「自然」是指一種沒有主觀意志的客觀存在，這「自然」的表徵是「無為而無不為」（《老子》〈四十八章〉），它是對「無為」的一種規定，也是「無為」的一種結果。「道」生成萬物沒有意志，不待勉強，一切聽其自然而不施加任何干涉，正如莊子所說「不得不然」：「天不得不高，地不得不廣，日月不得不行，萬物不得不昌，此其道與！」（《莊子》〈知北遊〉）這樣說來，「道法自然」，這「道」也就是「自然之道」，「自然」與「道」於是互為表裡，互為因果，「道不違自然乃得其性，法自然者，在方而法方，在圓而法圓，於自然無所違也。」（王弼《老子注》）

就像從天道盈虧引申出世間各種事物變化的規律一樣，老子也從作為宇宙本體的「道」因「自然」這一特質，引申出宇宙萬物變化的總規律，他對這個總規律的表述是：

道生之，德畜之，物形之，勢成之，是以萬物莫不尊道而貴德。道之尊德之貴，夫莫之爵而常自然。（《老子》〈五十一章〉）

既然「道法自然」，萬物生於有，有生於無，那麼，萬物發展變化的總規律也就是「自然」的規律，「自然之道」，也就是「萬物恃之以生而不辭」（《老子》〈三十四章〉）的根本。接著，老子又以「無為」

的態度觀照萬物，萬物各照自身之性生存發展，人不能將自己的主觀意志強加於它們。如果那樣做，就會「為者敗之，執者失之」，聖人能以「道」待物，「無為故無敗，無執故無失」；一般的人不明此理而「從事」，「常於幾成而敗之」。因此人對待萬物最正確的態度，就是「以輔萬物之自然而不敢為」（《老子》〈六十四章〉）。人既不能為萬物的生存發展創造什麼規律，也不能破壞它們自身發展的規律，只有「無欲」「無為」、尊重一切事物的客觀規律，讓它們按自身的性質、自身的形態自由地充分地發展，才能進入「無不為」的「功成不名有」（《老子》〈三十四章〉）的境界。

老子以及後來的莊子，確定了「道」這一哲學最高範疇，他們超出了人的一般的感性經驗，在一切具體的事物和現象的背後尋找更本質的東西，意識到「道者，萬物之奧」，這為人類在精神領域內的探微索幽啟開了智慧的大門，老子從原是直觀性的「道」「天道」，悟出大千世界冥冥之中不可名狀的宇宙本體，萬事萬物發展變化的總規律，這說明中華民族先人思想意識形態的發展，已達到能夠高度抽象的階段，如馬克思所說：「它是某種和現存實踐的意識不同的東西；它不用想像某種真實的東西而能夠真實地想像某種東西，從這時候起，意識才能擺脫世界而去構造『純粹的』理論、神學、哲學、道德等等。」[3] 老、莊之「道」，就是純粹理論的、哲學的「道」，可以運用它的原理解釋世界。

前面說過，老子的「道」囊括了天、地、人之道，《老子》一書中關於「天道」或「天之道」的論述凡數見，如「功遂身退天之道」（《九章〉），「天之道不爭而善勝」（〈七十三章〉），「天之道損有餘而補不足」

3　《馬克思恩格斯選集》第1卷，第36頁。

（〈七十九章〉），「天道無親，常與善人」（〈七十七章〉），「天之道利而不害」（〈八十一章〉）等等。老子的「天道」是「自然之道」的具體體現，但這「天」已是「無不為」的「天」，它能「不爭而善勝」，能「損有餘而補不足」，這正顯示了「自然」無形的威力。老子少言「人道」，只說過「人之道則不然，損不足以奉有餘」（〈七十七章〉）一語，是與「天之道」對比而言的，表現了他對當時社會上損下益上的剝削制度有所不滿，強調「人道」要效法「天道」，人不能失去自然之性。老子關於「小國寡民」的社會理想，實質上就是他的「人之道」的特定內涵；「使有什伯人之器而不用；使民重死而不遠徙；雖有舟輿，無所乘之；雖有甲兵，無所陳之。使民復結繩而用之。甘其食，美其服，安其居，樂其俗。……」（〈八十章〉）這就是要求人類重返原始的自然狀態。為回歸這種原始的自然，聖人實行無為而治：「我無為而民自化，我好靜而民自正，我無事而民自富，我無欲而民自樸。」（〈五十七章〉）

　　老子的「道」作為對宇宙本體的描述，作為哲學的最高範疇，無疑是人類認識史上的一座里程碑，但是他對「天道」的具體闡述，還過於空洞和抽象，以他「道」的觀念去確立一種社會政治理想，更有歷史倒退之虞。因此在諸子百家爭鳴的春秋戰國時代，老、莊學說也只能是一家之言。稍後於老子的宋（鈃），尹（文）學派與《易傳》，韓非與荀況，都更富有創造性地發揮了「天道」說。

　　老子以外諸家，對「道法自然」沒有什麼原則性爭論，但他們似乎都沒有對抽象的最高的「道」再作進一步的發揮，而是將老子的「道」與傳統的「天道」觀合而為一，「天道」即「自然之道」，「天道自然」，「天道無為」，各家都有小異大同的發揮。宋鈃和尹文明確地把「天」看作「自然」，而「自然」的本質又是「氣」，「氣之精者」，便

是「道」：「凡物之精，化則為生。下生五穀，上為列星，流於天地之間，謂之鬼神；藏於胸中，謂之聖人。是故名氣。杲乎如登於天，杳乎如入於淵，淖乎如在於海，……」又說，這氣「無根無莖，無葉無榮，萬物以生，萬物以成，命之曰道」[4]。這「氣」雖然也還是超感官，超形象，但從根本上卻物質化了。如果按老子的標準，這只能是「有名」之「道」，宋、尹將「萬物之始」與「萬物之母」的觀念疊合了，這樣，使「自然之道」的涵義更充實。相傳為孔子所作，但至少是儒家學者參與撰著的、解釋《周易》古經的《易傳》，也同樣在宣傳自然之道，它簡潔地說：「一陰一陽謂之道。」從天地的陰陽變化，悟出「天道」就是天地間陽氣與陰氣的互相轉化、往來無窮的一種規律性。因為卦象以「乾卦」象天、象陽，以「坤」卦象地、象陰，所以又有「天道」與「乾道」，「地道」與「坤道」之分。《謙・彖》說：「天道下濟而光明，地道卑而上行。」這是講天之陽氣與地之陰氣上下交匯之狀。《繫辭》說：「天地絪縕，萬物化醇；男女構精，萬物化生。」便進一步將世界本體歸於陰、陽二氣構成的結果，二氣交融凝結，最後凝固變化成萬物的形體，人的生息無窮，其基因亦原於此。應該特別指出，把宇宙、世界的本體歸之為「氣」，較之老子高度抽象的、無可名狀的「道」，更容易為人們的認知能力所把握，不至於陷入唯心、神秘的氛圍之中。後來的唯物主義哲學家，基本上都持此以解釋世界。如宋朝著名哲學家張載便說：「太虛無形，氣之本體。其聚其散，變化之容形爾。」他認為世界的本體就是「元氣」，「元氣」之外沒有另外一個「太虛」，「天道」之外沒有另外一個無可名狀的「道」，他甚至反對

4　所引宋鈃、尹文之語，見於《管子》〈內業〉。《管子》中〈心術上〉〈白心〉〈內業〉
　　三篇據郭沫若等學者考證，為宋鈃、尹學派遺著，下引宋、尹之文均據此。

老子「有」「無」之分；「若謂虛能生氣，則虛無窮，氣有限，體用殊絕。入老氏有生於無自然之論，不識所謂有無混一之常」（《正蒙》〈太和篇〉）。清初著名哲學家、文學家王夫之，亦上承張載而發揮宋、尹和《易傳》之說，他把宇宙本體稱為「絪縕」：「陰陽異撰，而其絪縕於太虛之中。」陰、陽二氣是宇宙本體，這就是他著名的「元氣本體」論。「絪縕」是他形容元氣本體所孕育著的運動變化的生機，因而他把宇宙萬有變化發展的總規律稱之為「氣化」之「理」，認為宇宙間萬有的動靜，就是陰、陽二氣的動靜：「動靜所生之陰、陽，為寒暑、潤燥、男女之情質，乃固有之蘊，其絪縕充滿在動靜之先。」（以上引王夫之文均見《正蒙注》〈太和篇〉）但他也肯定「元氣」是無形的，「縕不可象」，而是在物質的運動中顯現出來。

　　宋、尹和《易傳》之後，荀子和韓非子都從唯物主義的立場發展了「天道自然」之說，前者專寫了〈天論〉篇，論證「天有常道，地有常數」，強調自然界萬物的運動變化有其客觀的必然性；後者專寫了〈解老〉篇，論證了自然界的總規律是「道」，自然界各種事物自身的特殊規律是「理」，指出：「道者，萬物之所然也，萬理之所稽也。」

　　倒是孔子對「天道」沒有多少闡述，但他也是承認「天道」存在的，「惟天為大，惟堯則之」。孔子心目中的堯是遵循「天道」而治理天下的，所以堯「其有成功也」（《論語》〈泰伯〉）。他本人則「畏天命」，「天命」就是「天道」。他的學生曾說：「夫子之言性與天道，不可得而聞也。」（《論語》〈公冶長〉）後來，他的孫子子思在《中庸》首章所寫的，據說就是孔子的話：「天命之謂性，率性之謂道，修道之謂教。道也者，不可須臾離也。」孔子及其嫡系門徒，對於「天道」的注意主要不在於自然規律一面，而是強調遵「天命」之「性」而引申出儒家的「人道」。他們不否定「天道無為」（《中庸》便有天地之道「不

見而章，不動而變，無為而成」之語），但大力張揚「人道」的有為。正如受「天文」的啟迪而又有了「人文」一樣，儒家亦認為「人道」是「天道」在社會、在人際關係中轉化與體現，於是「人道」便作為儒家的道統而影響於世。

儒家所宣導的「人道」，具體地說，由兩個方面合成：一是治理國家之道，二是個人修養之道。二者有一個共同的核心，那就是「仁」；二者實現的途徑不同，但必須是通過個人（君子）的人格實現而走向國家的「有道」。

人道，可換言之「仁」道。仁者，人也，從人，從二。「仁」的本質意義一曰「修己」，二曰「治人」。所以他說：「富與貴，是人之所欲也；不以其道得之，不處也。貧與賤，是人之所惡也；不以其道得之，不去也。君子去仁，惡乎成名？君子無終食之間違仁，造次必於是，顛沛必於是。」（《論語》〈里仁〉）孔子把「仁」之道看得比生命還重要：「朝聞道，夕死可矣。」（《論語》〈里仁〉）他的一生在各國之間到處奔跑，希望各國統治者能夠施行道仁，根據周禮所規定的秩序，調整統治階級內部及統治者與被統治者之間各種關係，調和、緩解各種矛盾，以實現「天下歸仁」。

行「仁」之道在於個人。對此孔子又有多種表述，他曾表揚子產「有君子之道四焉：其行己也恭，其事上也敬，其養民也惠，其使民也義」（《論語》〈公冶長〉）。這顯然是事君治民個人所行之「道」的標準，包含了他「仁者愛人」的要義。他又曾對子貢說，「君子道者三」：「仁者不憂，知者不惑，勇者不懼。」（《論語》〈憲問〉）曾子曾以「忠恕」二字概括「仁」的涵義，也總括了孔子關於「君子之道」中，由「仁」派生出多種道德標準。所謂「忠恕」，就是「己欲立而立人，己欲達而達人」（《論語》〈雍也〉），「己所不欲，勿施於人」（《論語》〈顏

淵〉）。孔子正是通過此種人格的修養和實踐而達到「邦有道」,「國有道」,這又是他「人能弘道」的思想,是「有所為」。

《中庸》裡記載著魯哀公問政於孔子,孔子回答說:「文武之政,布在方策,其人存,則其政舉;其人亡,則其政息。人道敏政,地道敏樹。」施政的根本就在於「人道」的實施,其出發與歸宿都有賴於「仁」人,其內核就是「仁」與「義」:

> 為政在人,取人以身,修身以道,修道以仁。仁者,人也,親親為大。義者,宜也,尊賢為大。

以仁義之身,施仁義於人,使整個社會安定,上下親密無間,「四海之內皆兄弟也」,這就是儒家的「人道」。它適應於已經出現階級的社會向前發展的需要,企圖在此基礎上確立封建統治的秩序,確定封建社會人際間基本的倫理準則。被後來歷代統治者奉為「先王之道」的,實質上就是儒家為之系統化、理論化了的儒家之道,是中國數千年封建社會統治思想的基礎,在政治的、精神的、文化的領域,幾乎有不可動搖的統治地位。但是它沒有排斥「天道」,相反,自漢代董仲舒提出「天人感應」說之後,「天」反而成為為封建專制主義中央集權服務的東西,「仁之美者在於天」,「天不變,道亦不變」,「天道」在儒家那裡實際上已失去了「自然」的屬性,也不再是「無為」,倒成了「先王之道」的附庸。宋明理學,特別是其中的程朱學派,把這種天意化的「人道」,人格化的「天道」,昇華（玄化）為宇宙本體,精神性實體,所謂「存天理,滅人欲」,連儒家「仁者愛人」的最基本的「人道」也被踐踏了。

以上,我們簡述了「道」「天道」「人道」三個觀念的內涵,它們

在哲學範疇之內已呈現出三個層次。老子「道」的觀念實際上已呈現兩個層次：最高的層次是宇宙本體，超感官、超名相、超理性，只可體悟而不可言説的實體、實在，名曰「虛」「無」；第二個層次是宇宙萬有變化的總規律。「天道」與「人道」則是第三個層次中的兩大類別，一是自然之物（天體、動植、有生、無生之物）發展變化的總規律，二是社會人生的根本準則。但是，除道家之外，其他學派實際將第一、二層次與第三個層次融合而只強調「天道」與「人道」。《易傳》〈説卦〉云「昔者聖人之作《易》也，將以順性命之理，是以立天之道曰陰與陽，立地之道曰柔與剛，立人之道曰仁與義」，以陰陽剛柔概括了天地自然之道，以「仁」與「義」概括了人之道。這自然之道與人之道，也決定了中國一代又一代人不同的藝術態度、行為和不同的審美觀。從荀子開始就有的「文」「道」關係説，到唐代韓愈「文以明道」的標舉，又有「文以貫道」「文以載道」種種餘波，屬於「人道」這一層次。劉勰雖然自稱是追隨仲尼之後，他在《文心雕龍》〈原道〉篇中鼓吹的是「自然之道」，他的「為文之用心」以此為最高境界。真正遵奉「自然之道」而力圖臻至老子之道的境界者，則是在詩歌領域和造型藝術領域內那些不願受儒家教條束縛的詩人和藝術家，如司空圖的詩論與石濤等人的畫論中所體現的美學思想，後面我將有專節論述之，在此節言。

按照「道」的本義：沿著一條道路可以達到一定的目的。「道」，實際上還有第四個層次，即它是個別事物的個別規律，並可以具體化為方法與技藝。《論語》〈子張〉記子夏語曰：「雖小道，必有可觀者焉，致遠恐泥，是以君子不為也。」「小道」是難登大雅之堂的某些技藝和本領，它有別於「致遠」的大道即「仁義」之道。也就在這個層次內，「道」與「藝」很早就並稱了，《周禮》〈天官〉〈宮正〉云：「會

其什伍而教之道藝。」〈地官〉〈鄉大夫〉云：「考其德行道藝，而興賢者能者。」據鄭眾解釋：「道謂先王所以教導民者，藝謂禮、樂、射、御、書、數。」有一定學問和技能之人，都是有「道藝」之人。後來，這個意義的「道」應用於文學藝術領域，於是又有文章之道、詩道、書道、畫道⋯⋯之說。鄭玄《詩譜序》云：「虞書曰：『詩言志，歌永言，聲依永，律和聲。』然則詩之道放於此乎。」這「詩之道」便是指詩歌的文體特徵及其創作的基本法則。東晉著名的女書法家、王羲之的老師衛夫人在《筆陣圖》中強調書法之妙亦須「達其源」，識其理，「自非通靈感物，不可與談斯道」。南齊書法家王僧虔更明白地說：「書之妙道，神彩為上，形質次之，兼之者方可紹於古人。」唐代詩人兼畫家王維在《山水訣》中寫道：「夫畫道之中，水墨最為上。肇自然之性，成造化之功。」⋯⋯他們將各種文學樣式、藝術門類獨特的創作方法與技巧均以「道」稱之，表明對其藝術規律已有深刻的認識和把握。事實上，當詩、造型藝術、書法，在藝術方面都崇尚自然、師法自然時，詩人與藝術家在藝術創造中「遣去機巧」而「肇自然之性、成造化之功」，他們心目中作為對象本體的「自然之道」與作為藝術規律之「道」，實際上已融合而一難分彼此了，「道」即「藝」，「藝」即「道」，這就是「俱似大道、妙契同塵」（司空圖《詩品》〈形容〉）！

第二章

兩種「道」的美學內涵

　　「天道」與「人道」，在觀念發生的過程中是不可截然分割的，但因為老、莊多言「天道」，孔、孟多言「人道」，似乎便成了道、儒兩大學派各舉的一面大旗。從政治角度考察，歷來有許多學者認為老、莊之道與孔、孟之道沒有根本的區別，司馬遷在《史記》〈太史公自序〉中，轉述他父親司馬談所述《六家要旨》說：「《易大傳》：『天下一致而百慮，同歸而殊途。』夫陰陽、儒、墨、名、法、道德，此務為治者也。直所從言之異路，有省有不省耳。」儒家是毫不掩飾地要以仁義之道治國平天下，而老子之道，也是為最高統治者提供最全面的君臨於人的「南面術」，「是人君臨馭天下的最原則的東西。」（張舜徽《周秦道論發微》）不管老子原意是否如此，他所述之「道」，後來確也成為統治階級的一種思想武器，「嚴而少恩」的法家就吸收了不少老子的思想（如《韓非子》中有〈解老〉篇），而助封建專制主義的形成。港臺著名學者徐復觀先生指出：「以虛靜為內容的道家人性論，在成己方

面，後世受老子影響較深的，多為操陰柔之術的巧宦。受莊子影響較深的，多為甘於放逸之行的隱士，猶較近於本色，而且亦遠有意義。」[1]徐先生所謂「近於本色」，既是從藝術的也是美學的角度進行考察的。

從美學的角度考察，我以為不必局於道家與儒家的界域，兩種「道」的美學內涵的要義，固然主要得自這兩家，但其他學派或對「天道」或對「人道」美學內涵的豐富，也有這樣那樣的貢獻，因此，直接地以兩種道的「本色」意蘊而分別進行觀照和闡釋，更為客觀一些。

第一節　道法自然

中國古代所講的「天道」「地道」，總括即「自然之道」，蘊含著豐富的自然哲學思想，老子等學者是把自然作為一種有生命的現象來進行觀察，雖然古代的帝王們會把「天」尊為具有人格的神，奉為「上帝」，以欺騙人民，說他們所獲得統治地位是「天命不易」（見《尚書》〈大誥〉等篇）），但是後來的學者們忠實于他們對自然觀察的成果，認為大自然的運動、發展、變化是不以人的主觀意志為轉移的，它也不以其冥冥中的意志干涉於人，正如老子所說：「大道氾兮，其可左右，萬物恃之而生而不辭，功成不名有。衣養萬物而不為主。」（《老子》〈三十四章〉）所以它是「天下母」（《老子》〈二十五章〉），是整個世界生命的本原。這個「大道」有幾個特徵曾被老子、《易傳》乃至其他學派的學者反復闡述，這就是：自然無為、變動不居、博大崇高、妙而其神。我以為，「天道」的美學內涵，主要就蘊含在這些特徵之中，現試一述之。

1　《中國藝術精神》，春風文藝出版社1987年版，第40頁。

老子說「道法自然」，把「道」歸結為自然，而「自然」就是天然的、本色的「樸」，因此又名「道」為「樸」。當然，他說的「自然」還不是指有形的物質的自然，而是「獨立而不改，周行而不殆」（《老子》〈二十五章〉）的無形的自然規律。這個規律有個特點，就是「無欲」「無為」，因此，老子的哲學語言，就是以無形的自然規律為「道」，以永葆這規律「不改」「不殆」的「無為」為「德」。這種自然無為有什麼美學意義呢？他說：

道生之，德畜之，物形之，勢成之，是以萬物莫不尊道以貴德。道之尊，德之貴，夫莫之爵而常自然。（《老子》〈五十一章〉）

世界上具有物質形態的萬物，不是誰有意製造出來的，是在無形的自然規律的不斷運動中自動生成的，從無形之物化育出有形之物，又遵循自然規律運行之勢而獲得了自己的生命。因此，一切有形自然之物生命的最高本質，就是沒有附加任何外來意志成分的自然之質，由「自然之道」而生成，又是「自然之道」的感性顯現。可以說，這是老子對自然美的本質的揭示。

要維護自然美的原則，老子就特別反對以人的意志扭曲、破壞自然的「有為」，「無為」就是順應「道」，就是不去人為地干擾、破壞自然。既然世界上的任何事物，其存在的形式與發展的歷程，都不可能，也不應該人為地去改變它，人與自然就只能保持一種默契的關係。人，只要不將自己的功利欲念強加於自然之物，不強求「自然之道」服從於一己之功利目標，才能對自然生成之物「觀其妙」。老子對這種「無欲」而「觀其妙」的心理態勢作了一番描述：

　　致虛極，守靜篤。萬物並作，吾以觀復。夫物芸芸，各復歸其根。歸根曰靜，靜曰復命，復命曰常。知常曰明。不知常，妄作，凶。(《老子》〈十六章〉)

　　對一切自然現象進行純客觀的觀察與思考，不為各種外在的現象所迷惑，潛心默察，體悟事物變化循環往復的規律性，從而達到「知常」的認知境界。老子這番描述，後來便影響並形成了中國文人藝術家「以物觀物」的審美心理，「以我觀物，故物皆著我之色彩」，「以物觀物，故不知何者為我，何者為物」(王國維《人間詞話》)。只有這種「觀」，才能不受主觀意志的左右，充分領略自然之物的本色美。

　　但老子的「無為」，也不是他維護自然之美的最終目的，實質上正是促成新的自然美的形態不斷生成的「所為」。「知常」而後順應自然規律，不干擾、不破壞自然規律憑其內在之勢對萬物的養育，因此是「輔萬物之自然而不敢為」(《老子》〈六十四章〉)。能有這種「不敢為」，也就可以「無不為」了，對此，他有進一步的闡述：

　　道常無為而無不為。侯王若能守之，萬物將自化。(《老子》〈三十七章〉)

　　萬物自化，正是自然之美得以生生不息呈現於世，「無為」就向「無不為」轉化了。

　　萬物合道皆自然，萬事無為皆合道，這是「自然之道」美學內涵的精髓。老子多次強調的「樸」與「素」和莊子強調的「真」，就是合乎自然美原則的質的表現，已如前述。我們要深一層地探討這種美學內涵的意義，還須看到：老子明言「天道」的自然無為，其真意旨在

論證人之性應順從自然，效法自然，要保持人的素樸之性不受破壞。在上面的引文中就特意指出「侯王若能守之」，並且還接著說，「化而欲作，吾將鎮之以無名之樸。無名之樸，夫亦將無欲，不欲以靜，天下將自定」。這就是說，侯王恪守自然之道，無為而治天下，天下之民素樸之心沒有被擾亂，自然順化。順化之後又有不當的欲望發作，還須以自然之道再去引導他們復歸素樸之性，這樣就使天下能夠長久地安定。這樣說來，「自然之道」也轉化為一種特殊的治人之道了。老子主張「絕聖棄知」，反對讓人學習某些個別事物的具體道理，說「為學日益，為道日損」（《老子》〈四十八章〉），而主張對「道」作整體的模糊的把握來保持人的素樸本性。以自然之道來啟迪人們保持素樸之本性，能夠做到「眾人熙熙，如享太牢，如春登臺。我獨泊兮，其未兆，如嬰兒之未孩」（《老子》〈二十章〉）。在世俗生活中永葆其赤子之心，這種人生哲學，深刻地啟迪了後世一代又一代的以「妙造自然」或「返璞歸真」為審美追求的作家、藝術家。明朝的李贄提出「童心」說，或許就是從老子「常德不離，復歸於嬰兒」（《老子》〈二十八章〉）之說而來，他說：「夫童心者，絕假純真，最初一念之本心也。若失卻童心，便失卻真心；失卻真心，便失卻真人。人而非真，全不復有初矣。」（《焚書》卷三）這些話，可與老子「見素抱樸」，莊子「真人」等說相呼應。

因為自然之道是「周行而不殆」，借用《易傳》「變動不居」一語，能準確地概括「大道」美學內涵的第二個特徵。

老子在他的「五千言」中沒有用「變」字，大概後來董仲舒說「天不變，道亦不變」的觀念，早已橫亙在他胸中。他用了「化」字，但那是以「道」化物，或物（民）依「道」而「自化」。莊子卻體悟到了「道」在「逝而遠，遠而返」的「周行」過程中不斷有量的變化和質的

變化，比如一個人，「察其始而本無生；非徒無生也，而本無形；非徒無形也，而本無氣，雜乎芒芴之間」，而當他孕育於母腹中之後，作為有形的物質的人就開始變化了：「變而有氣，氣變而有形，形變而有生。今又變而之死。是相與為春秋冬夏四時行也。」（《莊子》〈至樂〉）這種變化並沒有違背自然規律，恰恰是自然規律發展變化的物質表現。

言自然之道的變化，又以推及人事社會的變化，講得更為透徹的應推《易傳》。《易傳》的作者認為，「一陰一陽」之所以成為自然之道，就在於它們是不斷地變化而難以預測的。老子說過「道者，萬物之奧」（《老子》〈六十二章〉），《易傳》〈繫辭〉也說，天道之奧，就在於它的變化神妙難測。這種變化不是壞事，不是麻煩的事，是一切事物生生不息的必然：

剛柔相推而生變化。

剛柔者，立本者也，變通者，趨時者也。

一闔一闢謂之變，往來不窮謂之通。

《易傳》的作者更敏銳的目光在於，他們看到了任何一個事物整個的發展過程，就是一個不斷地從量變到質變的過程。「幾」，是事物變化之始，「幾者，動之微」，只要善於察覺事物始變時的蛛絲馬跡，就能追蹤把握這一事物的「變化之道」；把握了「變化之道」，就能「知其神之所為」，即知其推動事物發展的內部規律性如何發揮作用，取何種走向，將會產生什麼樣的結果，所以「君子見幾而作，不俟終日」。又說：「君子知微知彰，知柔知剛，萬夫之望。」當然，這些話與解釋《易》的卦象變化有關，但對於人們正確地認識不斷變化中的客觀世界，具有普遍性的指導意義。

　　關於人如何對待「自然之道」，老子主張「無為」。《易傳》不同，它到處都強調「有為」，即認識自然規律而後順應自然規律，同時也把握利用自然規律。由此，它又闡述道：「聖人之道有四焉：以言者尚其辭，以動者尚其變，以制器者尚其象，以卜筮者尚其占。」這就是說，用自己的語言去闡述「道」的內涵，根據事物的變化決定自己的行動，模仿某些自然之物製造出為民所用的各種器具，用蔔筮的方法預測人事的吉凶。老子對「樸散則為器」是持否定態度的，而《易傳》的作者卻主張「法象制器」，〈繫辭〉中列舉了大量根據卦象製作舟楫、杵臼、弓矢、宮室等例（這當然是附會之詞），卦象本來就是對自然物象的模擬，認為這都是聖人「神而化之，使民宜之」。這四者的核心是變，所以「功業見乎變」。這促使人對於身外的客觀世界、對於「自然之道」有了深入的認識，使人在「自然之道」面前激發了主觀的能動性。〈繫辭〉的作者在對《易》的評價中，對人類認識世界的新經驗，作了一個頗為精闢的小結：

　　《易》之為書也不可遠，為道也屢遷。變動不居，周流六虛。上下無常，剛柔相易，不可為典要，唯變所適。

　　這段話也是就其卦象變化而言，但其實質是以自然之道的變化為本。說出「為道也屢遷」「上下無常」這樣的話，這對於當時的政治制度來說，是相當超脫的。世間任何事物，都不可能「居」而靜止於某一固定的位置上，總處在不停的運動和變化之中。晉代韓康伯解釋「不可為典要」為「不可立定準也」[2]，就是說「道」也不能為萬事萬物「立

2　轉引自王一弼《周易注》。

定準」,「唯變所適」才是真正發揮了「道」的指導作用,所作所為才合乎「道」。

　　「變動不居」,「唯變所適」,也賦予了「道」以能動的美學內涵。「唯變所適」,自然之美就不會遭到扭曲;「唯變所適」,人才能創造出與「天文」相輝映的「人文」。《繫辭》有云:「參伍以變,錯綜其數。通其變,遂成天下之文;極其數,遂定天下之象。非天下之至變,其孰能與於此?」明於此,讓我們再回到莊子那裡去,因為莊周(或是他的學生)對於「道」之「唯變所適」的美學內涵有了實踐中的體悟。在《莊子》〈天下〉中,他對自己的文章作了一個總的評價,而在這自評之前,有段話可視為他創作實踐的理論依據:

　　芴漠無形,變化無常,死與,生與?天地並與?神明往與?芒乎何之?忽乎何適?萬物畢羅,莫足以歸。古之道術有在於是者,莊周聞其風而悅之。

　　無形的「自然之道」在不斷的變化之中,體現「道」之所在的世界間萬物也在不斷的變化之中,這些變化是無限的,超越時空的,人,「忽乎何適」?只能是「唯變所適」,似無目的而合目的,似無規律而合規律,這是最高的「道術」!《莊子》〈天下〉中,曾這樣概括莊子的思維方式、表達方式:「以謬悠之說,荒唐之言,無端崖之辭,時恣縱而不儻,不以見觭之也。」這就是說,他以一種無拘無束的、自由的創造精神,表現出對於變化無窮的世界的獨特感受,不執著於一端,「獨與天地精神往來,而不傲倪於萬物,不譴是非,以與世俗處」。這樣,他的文章上合於「道」(「上與造物者遊」),下與萬事萬物的事理、物理相適(「下與外死生,無終始者為友」)。最後他也清

楚地意識到：

> 雖然，其應於化而解於物也，其理不竭，其來不蛻，芒乎昧乎，
> 未之盡者。

　　他認為事物的無窮變化，是認識不盡、反映不完的，因為事物的變化本來就沒有止境，舊的事物不斷消逝，新的事物不斷出現，連綿無窮；人生有限，認識無限，藝術創造亦無限。莊子以自己「汪洋辟闔，儀態萬方」之文，率先體現了自然之道「變動不居」的美學內涵，他成了「聞其風」而又開美文之風的一位優秀作家，「晚周諸子之作，莫能先也」[3]。後來人們以「莊」「騷」並稱，便是把《莊子》看成與《離騷》一樣的文學作品，把莊周尊為與屈原並列的文學家。

　　天，是崇高的；自然之道，是廣大的。對於「道體」的描述，道家多在想像中展開，而儒家偏重具象的感受，都給人以博大與崇高的美感。

　　《老子》中，「大」的出現頻率很高，除了用於大與小的具體事物的比較，如「大國」「大軍」等之外，直接用於「道」或與「道」相聯系的事物，都表明道的無限或博大。那「寂兮寥兮，獨立而不改，周行而不殆」的「道」，「強為之名曰大」，可見這個道很難形容性地表述出來。「大道氾兮」，它之所以「大」，是「萬物歸焉而不知主」（《老子》〈三十四章〉）。老子對此也終於找到了一個比喻性說法，那就是以江海喻「道」：

3　　魯迅：《漢文學史綱要》，人民文學出版社1973年版，第17頁。

譬道之在天下，猶川谷之於江海。(《老子》〈三十二章〉)

江海所以能為百谷王者，以其善下之，故能為百谷王。(《老子》〈六十六章〉)

以江海比之於「道」，「大」就有點形象化了，給人以悠遠、博大的美感。由「道」之「大」而無限，生成並包容萬物、衣養萬物。他還用了一個擬人化的比喻：「萬物之母」「天下母」。莊子對「道」的表述，也與老子相似，略舉二例：

夫道，覆載萬物者也，洋洋乎大哉！(《莊子》〈天地〉)

夫道，於大不終，於小不遺，廣廣乎其無不容也，淵淵乎其不可測也。(《莊子》〈天道〉)

莊子在這兩段話前都加了「夫子曰」，說明這也是老子的意思。總之，「大」是道家在想像中展開的富有很深刻的哲學意蘊，又有審美聯想的觀念，它超越了一切有限的具體事物，與「小」形成兩個無限的辯證統一。《莊子》曾引惠施的話說：「至大無外，謂之大一；至小無內，謂之小一。」具體的內外界限也泯滅了，這就是想像中的「混成」之物。由此，我們可以理解，為什麼老子反對「質」外有「文」的觀點，在他看來，內就是外，外就是內，「大制無割」，世界上任何事物的色彩、形象、聲音等等，都不是絕對的，只是在無限中顯示出它們的相對性：「大白若辱」(《老子》〈四十章〉)，純正的白不是外表顏色絕對的白，而是不以白為白；視之若黑，則得大白。這正如地球之

圓，地表有高山、有深谷，局部地看，它本無曲線之圓，可是地球上高山深谷、平川交替著不斷延伸，終於形成了地球的大圓。飛出地球，從宇宙空間看，地球是大圓，坐在地球上看具體存在的高山、深谷，便不能認識地球之圓了。老子實際上是從自然的具象之物中，悟出了玄妙的超越具象之物的深刻道理。又如「大方無隅，大器晚成，大音希聲，大象無形」（《老子》〈四十章〉），又都可聯繫自然現象進行解釋，如當時已有「天圓地方」之說，說地之「方」，它的四角在哪裡呢？「天大」之象，其形狀是怎樣的呢？至於「大音希聲」，則在現代物理學中得到了證明，某些特殊波長的「大音」，人是不能憑耳朵聽到的。有限之物，其用有限，超越有限而至於無限，有若無，無而有，這便是事物之「大成」，其內蘊之「大盈」，所以他又說：「大成若缺，其用不弊；大盈若沖，其用不窮。」（《老子》〈四十五章〉）後來，宋尹學派對老子這一思想，又有進一步的闡釋：

　　道之大如天，其廣如地，其重如石，其輕如羽，民之所以知者寡。（〈白心〉）

　　夫道者，所以充形也，而人不能固。其往不復，其來不舍；謀乎莫聞其音，卒乎乃在於心；冥冥乎不見其形，淫淫乎與我俱生。不見其形，不聞其聲，而序其成，謂之道。（〈內業〉）

　　老、莊、宋、尹，他們以「大」言「道」，又對「大」作了如此充分的表述，不自覺地賦予了「大道」豐富的美學內涵，或者說，當他們的思維和想像、聯想進入了深邃的哲理化境界，也就進入了美的境界。由「大」而引申出的「大音希聲」「大象無形」，聲乃「在於心」，

形乃「與我俱生」，幾乎就是音樂與繪畫的理論基礎，而後來的詩歌藝術中所追求的「言外之旨」「韻外之致」「象外之象」「境在象外」等等，不正是受「大」之無限而穎悟出來的嗎？

在儒家學派的著述中，孔子也說過「唯天為大」，《易傳》中的〈乾文言〉相傳是孔子所作，那是通過天的象徵性卦象〈乾〉而言「天道」的，一開始，便高唱一曲關於天的讚歌：

乾始能以美利利天下，不言所利，大矣哉！大哉乾乎，剛健中正，純粹精也。六爻發揮，旁通情也。時乘六龍，以馭天也。天行雨施，天下平也。

對天之崇高與博大，極盡讚美之情。天有大利而「不言所利」，這就是「大」的表現，並且將「大」與「美」直接聯繫起來了，同時也聯繫到了「雲行雨施」的具象。由「大」而推導出更新的哲學也是審美的觀念，還以《中庸》的論述更為出色。

《中庸》的作者子思認為，天地間萬事萬物生生不息，以至「悠遠」，「悠遠則博厚，博厚則高明」，又說：「博厚配地，高明配天，悠久無疆。如此者，不見而章，不動而變，無為而成。」「博厚」「高明」「悠久」就是「天地之道」，接著他具體地描述道：

今夫天，斯昭昭之多，及其無窮也；日月星辰繫焉，萬物覆焉。今夫地，一撮土之多，及其廣厚，載華嶽而不重，振河海而不泄，萬物載焉。今夫山，一卷石之多，及其廣大，草木生之，禽獸居之，寶藏興焉。今夫水，一勺之多，及其不測，黿鼉蛟龍魚鱉生焉，貨財殖焉。

　　這比莊子所說「洋洋乎大哉」更具象化了。所謂「博厚」「高明」，就是中國人關於博大之美、崇高之美，或曰「壯美」的最早的觀念了。西元三世紀，也就是晚於子思數百年的雅典修辭學家朗吉弩斯，在他《論崇高》一書裡，才推出類似的審美觀念：

　　　　大自然把人帶到宇宙這個生命大會場裡，讓他不僅來觀賞這全部宇宙的壯觀，而且還熱烈地參加其中的競賽，它就不是把人當作一種卑微的動物；從生命一開始，大自然就向我們人類心靈裡灌注進去一種不可克服的永恆的愛，即對於凡是真正偉大的、比我們自己更神聖的東西的愛。因此，這整個宇宙還不夠滿足人的觀賞和思考的要求，人往往還要遊心騁思於八極之外。一個人如果四方八面地把生命諦視一番，看出在一切事物中凡是不平凡的、偉大的和優美的都巍然高聳著，他就會馬上體會到我們人是為什麼生在世間的。[4]

　　子思及其當時整個儒家學派對於客觀世界的理性認識是自覺的，是從「不言所利」而又是「利天下」的利益觀念來審視大自然界，所以他們的審美體驗不如朗吉弩斯那樣自覺。但我們也可以真切地感受到，子思也是在「四方八面地把生命諦視一番」之後，從而悟到了「我們人為什麼生在世間」的道理。因此，他對於「博厚」「高明」的描述也就自動地產生了審美效應，顯現了天地之道博大與崇高之美。天地之美作為一種最高的美的楷模，深深地影響了人們其他審美觀念的生成，陽剛之美與陰柔之美的觀念，更是直接於此中派生出來。

　　孟子在談到「充實之謂美」時說：「充實而有光輝之謂大，大而化

4　轉引自《西方美學家論美和美感》，商務印書館1980年版，第48-49頁。

之之謂聖，聖而不可知之之謂神。」（《孟子》〈盡心下〉）「神」，被言自然之道者視為「道」之「精義」，以審美意義而言，它是「道」的美學內涵中最顯豁的一個特徵。

《老子》中用「神」凡八處，有七處是言神鬼、神靈之意，唯有〈六章〉云：「穀神不死，是謂玄牝。」「谷」，原為山谷之義，此取其虛義，指道體虛無深藏；「道」之玄妙莫測就是「神」，「神」是「天地根。綿綿若存，用之不勤」。「神」與「大」，都是對道體的描述，雖然老子說「道」是無外無內的，但「神」又實在是「大」的靈魂、內核。

《易傳》對於「神」有更多的提及。它說「一陰一陽之謂道」，又說「陰陽不測之謂神」，前者是就「道」之存在說的，後者是就「道」之動態表現說的陰陽變化，神妙難測。從氣候之陰陽，擴而言之天地之間萬事萬物難以估測的矛盾運動，董仲舒解釋道：「天有陰陽，人亦有陰陽。天地之陰氣起，而人之陰氣應之而起；人之陰氣起，而天地之陰氣亦宜應之而起，其道一也。明於此者，欲致雨，則動陰以起陰；欲止雨，則動陽以起陽，故致雨非神也。而疑於神者，其理微妙也。」（《春秋繁露》〈同類相動〉）他明確指出，操縱陰陽變化的不是「神」，而是此中微妙之理。《易傳》將矛盾著的事物相互向其對立面轉化，其「變化之極」又不可「形詰」者，均以「神」概之。《繫辭》說：「知變化之道者，其知神之所為乎？」《說卦》說：「神也者，妙萬物而為言者也。」先人們觀察氣候山川（風、雷、水、火、山、川、澤、土），覺察它們相克相生、相輔相成，「水火相逮，雷風不相悖，山澤通氣，然後能變化，既成萬物」，在科學尚不發達的遠古，人們確實只覺得此中事理玄妙，難以言狀，於是，借「神靈」之「神」而言之。《荀子》〈天論〉中有一段話，對於「天道」的變化無窮，也作如是觀：

　　列星隨旋，日月遞炤，四時代謝，陰陽大化，風雨博施，萬物各
得其和以生，各得其養以成，不見其事而見其功，夫是之謂神。

　　作為人對大自然變化之道一種直觀感受，「神」，便更多地用來形
容一切事物的內容所蘊含的精旨妙義，與「道」並稱曰「神道」，與
「理」並提曰「神理」。

　　既然自然界的一切事物都是有「神」的，那麼，人作為自然界的
一個物種，是否也一樣有「神」呢？《易傳》指出：人能認識並把握
自然之道的變化，人自己也有「神」；《繫辭》說：「知幾，其神乎！……
幾者，動之微，吉之先見者也。」能夠最先發現事物變化之始的某些細
微跡象者，他就很「神」。錢鍾書先生對此作過精闢的解釋：「『知
幾』，非無巴鼻之猜度，乃有朕兆而推斷，特其朕兆尚微而未著，常情
遂忽而不睹；能察事象之微，識尋常所忽，斯所以為『神』。」[5]《繫辭》
多處出現「神」之表述，有的是指客體（自然界）之神，有的是指主
體（人）之神，如「精義入神，以致用也」，「精義」是自然事物之神
的代指，「入神」則是入我之「神」，我體悟了客觀物件的精旨妙義，
它就能為我所用。又如：「聖人之所以極深而研幾也。惟深也，故能通
天下之志；惟幾也，故能成天下之務；惟神也，故不疾而速，不行而
至。」就是說，有研討之深而「知幾」，因「知幾」而使人顯得有
「神」，並且這「神」也具有「不疾而速，不行而至」的神奇功能。

　　由自然事物之神與人亦有神，便發現了自然與人都處在一個「形」
與「神」的範疇之中，尤其是觀察具體的事物和具體的人，都得由
「形」而入「神」。宋、尹學派視「氣」「精」「道」為同一，氣之精者

5　　《管錐編》第1冊，中華書局1979年版，第44-45頁。

為「道」，是萬物化生之本，又充萬物之形（「夫道者，所以充形也」）。人，也是這樣「化」出來的：

> 凡人之生也，天出其精，地出其形，合此以為。（《管子》〈內業〉）

人就是形神兼備的存在。人之神居於心中，他們稱心為「精舍」；神定心中，「耳目聰明，四肢堅固」，在處理與外界事物的關係時，顯示出它的作用：「一物能化謂之神，一事能變謂之智」（以上引文均見《管子》〈內業〉）。他們特別強調，形與神雖然相安於一體，「神」卻是支配人的形體與一切行為的最高主宰：

> 有神自在，一往一來，莫之能思。失之必亂，得之必治。……得之而勿舍，耳目不淫，心無他圖。正心在中，萬物得度。（《管子》〈內業〉）

這一「形神」範疇，莊子也有很多的論述，在《莊子》〈在宥〉篇中，他虛構了隱於空同之山，年齡已有一千二百歲的廣成子用以教誨黃帝的一番話，來說明人如果體悟到了「至道」，就能「無視無聽，抱神以靜」，「神將守形，形乃長生」。廣成子自述他始終如一地奉行「至道」：「我守其一，以處其和，故我修身一千二百歲矣，吾形未常衰。」在《莊子》〈刻意〉篇裡，莊子又特別強調「神貴於形」：「精神四達並流，無所不及。」所謂「至道」，就是「道」的精神非常純粹無所與雜、「惟神是守」。像衛國哀駘它那樣外形奇醜之人，之所以具有非凡的魅力，就是「不虧其神也，能體純素，謂之真人」。莊子雖然又回到了老

子「質真若渝」的思想上來，但他承認了事物有內有外，有形有神，還開始將他心目中「昏昏默默」的「道」具象化了。

由天地自然之道的變化莫測而生髮出「神」的觀念，繼而肯定人與自然之物一樣，也有「神」藏於內，人有自己的精神，由此又提出一個「形神」範疇，這對於文學藝術的審美創造，有著直接的指導意義。錢鍾書先生在《談藝錄》中指出當時「神」的觀念有二義，第一義是「『養神』之『神』，乃《莊子》〈在宥〉篇：『無搖汝精，神將守形』之『神』，絕聖棄智，天君不動」。第二義則如《莊子》〈天下〉篇所説「天地並，神明往」之「神」，「並非無思無慮，不見不聞，乃超越思慮見聞，別證妙境而契勝諦。《易》所謂『精義入神』，《孟子》所謂『大而聖，聖而神』，《孔叢子》所謂『心之精神謂之聖』，皆指此言」。錢先生認為，「談藝者所謂『神韻』『詩成有神』『神來之筆』」，皆是指第二義之「神」[6]。

以上我們對「天道」即「自然之道」的美學內涵，進行了一番歸納和探討，以四大特徵來表述不一定準確和全面，但也可以説，這幾大特徵，在後來文學藝術家的審美創造中都有突出的表現，尤其是文學藝術進入自覺、成熟的時代裡，造型藝術與詩歌藝術循此而攀登藝術的高峰。「法自然」成為一代代優秀藝術家進行各式各樣審美創造所共同遵守的至高准則，他們又不斷以自己的實踐經驗去豐富它。

第二節　人性至誠

在上一章裡我們已經指出，「人道」是由治理國家之道與個人修養

6　《談藝錄》，中華書局1984年版，第43-44頁。

之道合成。如果說，「天道」的美學內涵體現了自然美的原則，那麼，「人道」的美學內涵則包含了社會美與人格美的種種規範。

「仁」，是「人道」的核心意蘊，它既作為人最重要的心靈與人格的修養，也作為治理國家施政的綱領。在孔子看來，「仁」在本質上就是美的，「里仁為美，擇不處仁，焉得知？」（《論語》〈里仁〉）鄉里有仁厚的風俗才算美好，選擇住處要選擇這樣美好的環境。失去了「仁」這一本質「美」，「禮」「樂」之美都不值得一提。孔子對於「仁」之美在個人方面的應有表現，提出了五條標準：

子張問仁於孔子，孔子曰：「能行五者於天下為仁矣。」請問之。曰：「恭、寬、信、敏、惠。恭則不侮，寬則得眾，信則人任焉，敏則有功，惠則足以使人。」（《論語》〈陽貨〉）

作為人格修養，當然主要是其中的道德意義，但也不無一些審美的因素，「恭」有禮貌之美，「信」有情感真實之美，「敏」有智慧之美，「寬」與「惠」有「仁者愛人」的品德之美。對於「從政」，孔子也提出了幾條標準，這就是「尊五美」：「君子惠而不費，勞而不怨，欲而不貪，泰而不驕，威而不猛」，實質上是作為從政者的政治道德，他也以「美」稱之，具體的解釋是：

因民之所利而利之，斯不亦惠而不費乎？擇可勞而勞之，又誰怨？欲仁而得仁，又焉貪？君子無眾寡，無小大，無敢慢，斯不亦泰而不驕乎？君子正其衣冠，尊其瞻視，儼然人望而畏之，斯不亦威而不猛乎？（《論語》〈堯曰〉）

　　這「五美」，都是以「仁」為核心而展開的，實質上也是從政者的人格美，不過就其實行效果而言，可轉化為社會的美，從政者有「五美」之德，可以使民敬，使民服，從而使整個社會秩序獲得安定。孔子有兩次與學生一塊「言志」，第一次他自言是「老者安之，朋友信之，少者懷之」（《論語》〈公冶長〉），是一種社會理想。第二次，他欣賞曾皙所言之志：「莫（暮）春者，春服既成，冠者五六人，童子六七人。浴乎沂，風乎舞雩，詠而歸。」（《論語》〈先進〉）表示自己之志與曾皙認同，也是對於社會與人事充滿和諧之美的嚮往。

　　由仁義之道而形成一種美感形態，就是在《中庸》裡所明確提出的「中和」之美。「中」與「和」兩個概念及與之類似的思想，《論語》中已經出現，「堯曰：咨！爾舜！天之歷數在爾躬，允執其中」（《論語》〈堯曰〉）。「中」者，不偏不倚，無過無不及。孔子還以「中庸」為德，甚至說：「不得中行而與之，必也狂狷乎！」（〈子路〉）中行是穩妥的，實在不得已也只得「狂」「狷」（「狂者進取，狷者有所不為也」）。關於「和」，孔子也談得較多，如說「禮之用，和為貴。……小大由之。有所不行，知和而和，不以禮節之，亦不可行也。」（《論語》〈學而〉）又說「君子和而不同，小人同而不和」（《論語》〈子路〉）。「和」，調節和諧，融洽無間（這一概念在孔子之前就已經流行，《左傳》便有「和實生物，同則不繼」，見本書上編〈文與質〉中所引）。這兩個概念在《中庸》裡合成「中和」一詞了。據朱熹說，《中庸》前二十章是孔子的孫子子思記錄孔子之言，二十章之後的文字則是子思對他祖父學說的發揮。「中和」之說就出現在第一章：

　　喜怒哀樂之未發，謂之中；發而皆中節，謂之和。中也者，天下之大本也；和也者，天下之達道也。致中和，天地位焉，萬物育焉。

如果這確實是孔子講的話，那麼孔子就是欲把人之情性提到與天之性一樣高的標準，「中和」，是作為人的情性修養，作為人性美的至高標準而提出來的，並且以「天道」來類比。《論語》〈公冶長〉篇中有雲「夫子之言性與天道，不可得而聞也」，此處卻明白地揭示了人性與「天道」的關係。孔子曾評《關雎》「樂而不淫，哀而不傷」，是就詩的情感狀態說的。後來《禮記》〈經解〉發揮為「溫柔敦厚」的「詩教」，也就暗含「中和」之意了。人的情感處於「中和」狀態，就不會「犯上作亂」，能做到「思無邪」，能「恭」，能「寬」……總之，人有「中和」之性，就能奉行「忠恕」之道。《中庸》對於「忠恕」也有進一步的闡釋：

　　忠恕違道不遠，施諸己而不願，亦勿施於人。……庸德之行，庸言之謹，有所不足，不敢不勉；有餘不敢盡。

「忠恕」的核心是「仁」，這樣，「仁」「中和」「中庸」，觀念、思想與行為，人性修養與人格表現，都貫通起來了。「中和」，更多地作為「仁」的可感（可視、可聽）的外化形態表現出來，具有一定的審美意義和審美價值，在儒家那裡，也實際上是用「中和」觀念解釋「禮」與「樂」，「禮」與「樂」是儒家「文」的表現，「文」的程度就以「中和」為度。荀子說：「先王之道，仁之隆也，比中而行之。曷謂中？曰：禮義是也。」（《荀子》〈儒效〉）這是以「中」度禮。荀子論樂亦說「樂中平則民和而不流，樂肅莊則民齊而不亂」，他突出樂的作用就強調一個「和」字：

　　故樂者，天下之大齊也，中和之紀也，人情之所必不免也。

　　故樂在宗廟之中，君臣上下同聽之，則莫不和敬；閨門之內，父子兄弟同聽之，則莫不和親；鄉里族長之中，長少同聽之，則莫不和順。故樂者，審一以定和者也，比物以飾節者也，合奏以成文者也；足以率一道，足以治萬變。（《荀子》〈樂論〉）

　　恭敬，禮也；調和，樂也；謹慎，利也；鬥怒，害也。故君子安禮樂利，謹慎而無鬥怒，是以百舉不過也。（《荀子》〈臣道〉）

　　「中和」，是施行「仁」道的準則，因而也是儒家最重要的審美原則。用於政治，防止人的情感趨向極端化，消弭社會上人際之間的矛盾，是階級與階級之間一種有效的潤滑劑；用於文藝，則是「情深而文明，氣盛而化神，和順積中而英華發外」（《樂記》）。

　　《中庸》提出「中和」，是從天之性而及人之性的，強調人性內在的協調。「中和」之美導源於人的本質，所以又進一步提出：「誠者，天之道也；誠之者，人之道也。誠者，不勉而中，不思而得，從容中道，聖人也。誠之者，擇善而固執之者也。」（《中庸》〈二十章〉）這是又從外而反諸內，要在更深的層次上揭示「中和」的美學內涵。自《中庸》〈二十章〉之後，子思承「夫子天道人道而立言」，突出地提出了一個人性至誠的新命題，精闢地深化了他的祖父在《論語》中很少言及的「性與天道」的關係：

　　惟天下至誠，為能盡其性。能盡其性，則能盡人之性；能盡人之性，則能盡物之性；能盡物之性，則可以贊天地之化育；可以贊天地之化育，則可以與天地參矣。（《中庸》〈二十二章〉）

　　這裡還是一種循環、圓圈式的論述，由天而人，由人而物，又由物而天。子思在「誠」之前加了一個「至」字，以照應「盡」人、物之「性」的強調性提法。在這個圓圈中，他當然是突出「人」這一環節，「人性至誠」，則上不違天之性，下能盡物之性。

　　何謂「誠」？實而不虛：「誠者，物之終始，不誠無物。」所以，「誠」，首先是客觀事物本質、本性的表現。自然，也應該是人的本性，因此，「君子以誠為貴」。在子思看來，人性至誠的道德意義與審美意義是一致的，構成人的「美善相兼」的本質。從道德意義上來說，「誠者自成也，而道自道也」，人的本性誠實，就會與「道」（天道、人道）無所違。人、物、天三者之性相互通融無間，相互影響，相互作用：「誠者，非自成己而已也，所以成物也。成己，仁也，成物，知也，性之德也。合外內之道也，故時措之宜也。」（《中庸》〈二十五章〉）從審美意義來說，則是因為「至誠」是實而不虛，真而不假，一可以「致曲」，二可以「無息」。所謂「至曲」，是可以明察一切，曲盡精微。人以真誠之性去體物，也能盡物之性，「善，必先知之；不善，必先知之，故至誠如神」。所謂「無息」，就是人的「至誠」之性既可通於天地，就可與萬物一道運行而不斷地充實自我：「不息則久，久則徵，徵則悠遠，悠遠則博厚，博厚則高明。」這樣就達到了人天共美的崇高、博大的境界，此種境界在於人，子思以「至聖」稱之：

　　惟天下至聖，為能聰明睿知，足以有臨也，寬裕溫柔，足以有容也；發強剛毅，足以有執也；齊莊中正，足以有敬也；文理密察，足以有別也，溥博淵泉，而時出之。

　　這是儒家學者所嚮往並孜孜以求的一種可以「配天」的人道最高

境界，達到了這樣的境界，其客觀效果是：「見而民莫不敬，言而民莫不信，行而民莫不悅，是以聲名洋溢乎中國，施及蠻貊。」如此這般，當然「天下歸仁」了。

從孔子到子思，將儒家關於人道的觀念，由「仁」發展到「中和」，又到「至誠」，由外行之道反諸己而至內修之「性」，將社會美、人格美、人性美在一個序列上相向展開，由此，「人道」的美學內涵也相應地得到了深化。實質上人性至誠，成了「人道」美學內涵的核心，滲透了其他的美學觀念。子思的學生孟子與先秦儒家最後一位大師荀子，他們都對這一美學內涵繼續有所探討和豐富，不過出發點有所不同，孟子是從人性本善出發而認識和高揚個體人性、人格之美，荀子則以他的「性惡」說為理論前提，著重論述了人性的後天修養而達到人格美的境界，但他們的大目標，都可歸之為「人性至誠」。

孟子認為人性本來就是善的，人從娘胎裡出來就具有「仁義」之性，他非常自信地說：「仁、義、禮、智，非由外鑠我也，我固有之也。」在他看來，一個人有無仁義之德，那是在於他對自己的本性有無自覺的意識和把握，「求則得之，舍則失之」（《孟子》〈告子上〉），能最大限度發揮本性之善，便「人皆可以為堯舜」。但是孟子不是因性善而「無為」，對於最大限度的發揮還得於「求」，他接受宋、尹學派關於人是精氣化生的說法，提出所謂「善養吾浩然之氣」。何謂「浩然之氣」？他說：「其為氣也，至大至剛，以直養而無害，則塞於天地之間。其為氣也，配義與道；無是，餒也。是集義所生者，非義襲而取之也。行有不慊於心，則餒矣。」（《孟子》〈公孫丑上〉）實際上，孟子也是強調對人性的積極修養，並且深入到了人的生理本質，也就是宋、尹所說「敬除其舍，精將自來，精想思之，寧念治之，嚴容畏敬，精將自定」（《管子》〈內業〉）的道理，不過孟子特別強調了「配義與

道」。我們在前面已提到他的「充實之謂美」，實質上也是從人性修養出發的。現在讓我們看看他完整的說法：

> 浩生不害問曰：「樂正子何人也？」孟子曰：「善人也，信人也。」「何謂善，何謂信？」曰：「可欲之謂善，有諸己之謂信，充實之謂美，充實而有光輝之謂大，大而化之之謂聖，聖而不可知之之謂神。樂正子，二之中，四之下也。」（《孟子》〈盡心下〉）

這裡，孟子把人性的修養而呈現出人格美的形態分六個等級，「善」是本性，「信」是由本性出發的的行為準則（「言必信，行必果」），二者是人性、人格中最基本的要素，沒有這兩種要素，便不能言及其他。但這還只是作為一個好人的道德基礎，人性之善與人格之美還要在這基礎上繼續提高和昇華，方可進入美、大、聖、神的境界。所謂「充實」，也就是養氣時必須「配義與道」，「集義而生」，這是言「美」的起點，是有了「質」之美。在「質美」這一層次上再下功夫，就會上升為崇高博大之美，甚而臻於可以「配天」的「至聖」境界，其美的程度就難以言說了。至於樂正子，還只是一個不失本性善的人，不能對他作出更高的評價。

荀子論人性，在出發點上與孟子迥異，他認為「人之性惡，其善者偽也」，人的先天之性本惡，只能通過人為（「偽」即人為）即後天的修養而去惡從善。人性為什麼生來就是惡的呢？因為人「生而有好利焉，順是，故爭奪生而辭讓亡焉；生而有嫉惡焉，順是，故殘賊生而忠信亡焉；生而有耳目之欲，有好聲色焉，順是，故淫亂生而禮義文理亡焉」。要改造人的這些惡性，就必須有「師法之化，禮義之道」（《荀子》〈性惡〉）這些後天的行為與楷模，才能以謙讓、忠信、禮義

文理形成新的人性內涵。他還明確地提出，要達到「至誠」「至聖」只在於「偽」一途：

> 性者，本始材樸也；偽者，文理隆盛也。無性則偽之無所加，無偽則性不能自美。性偽合，然後聖人之名一，天下之功於是就也。（《荀子》〈禮論〉）

這種美學觀——「偽」，顯然與道家是針鋒相對的，莊子曾經借盜跖之口，怒斥孔子是「巧偽人」。荀子公然為「偽」正名，從肯定對於人性、人格後天修養的必要性來說，這一觀念是可以成立的；從「文理隆盛」來釋「偽」，也有豐富的美學意義。荀子這種「性偽合」的追求，最後也要達到又「全」又「粹」的「成人」境界，與子思所謂「至聖」、孟子所謂「聖而神」是一致的。

通過以上的概述可以看出，「人道」的美學內涵通過所謂「性命之理」（即《易傳》〈說卦〉所云）與「天道」的美學內涵有著內在的聯繫。作為典型的儒家「人道」，是將道德觀念與審美觀念同時展開的，是將人性、人格的修養與處世、從政的要求一併注重的，因而有一種強烈的功利欲念橫互其中，制約著審美意識的獨立與自由，當他們對功利的目的愈加強調時，審美的意識與觀念就愈加受到限制和規範。如「中和」，在儒家心目中，主要還是作為一種「德」，其美感是附庸的，作為一種「不偏不倚」的內在的尺度，實際上限制了人的審美感情自由的發揮，由此而引申出來的「發乎情，止乎禮義」，便限制了詩人們主觀世界與客觀世界契合時，多層次、多方位的審美體驗，按「中和」的原則，詩就很難進入美的自由王國。還有一點需要特別指出的是：道家之「道」，主要是作為天地間一切事物的最高本質，將此「道」

當作一種規律、一種精神來把握。而儒家將「天道」人格化，在這個方向上又走得遠了一些，孔子「畏天命，畏大人，畏聖人之言」（《論語》〈季氏〉），實質上他把自己心目中的「大人」「聖人」看成了「道」的化身。雖然他不承認人格化的神（「子不語怪、力、亂、神」），卻竭力宣揚「道」的人格化偶像，其典範偶像便是周公，而他的學生又把他當作「道」的化身和偶像。所謂「至聖」「成人」「大而聖」，與其說作為種種最高的人格境界，不如說更多地作為一種權威的象徵。「人道」的典範化、人格化，再加上功利觀念的覆蓋，後來又經過漢代一班經學大師們的強化，使蘊含其中的美學內涵逐漸定型化乃至僵化，到魏晉之後，從王弼到劉勰等哲學家和文學家，重新運用老、莊和《周易》的「自然之道」，才將它局部地啟動。

第三章

三種「藝」的態度與行為

我們已經大致把握了古代兩種「道」的美學內涵，現在，讓我們進一步考察一下，「道」與「藝」的關係在人的物質活動和精神活動領域內是怎樣形成的。

馬克思講過這樣的話：人們進行物質生產和精神生產的方式，「在更大的程度上是這些個人的一定活動的方式，表現他們生活的一定形式，他們的一定的生活方式。個人怎樣表現自己的生活，他們自己也就怎樣。因此，他們是什麼樣的，這同他們的生產是一致的──既和他們生產什麼一致，又和他們怎樣生產一致」[1]。我們考察「道」與「藝」的關係，也必須遵循「生產什麼」和「怎樣生產」這一程式去思考。古代的「生產」，也包括物質生產和精神生產。兩種生產各自遵循什麼，受什麼樣的思想、觀念、意識的影響，以什麼樣的行為去實現

1　《馬克思恩格斯選集》第1卷，第25頁。

生產的目標，作為人們一種常規的「活動方式」，總的傾向是一致的。但是，因為物質生產與精神生產的目標與最後的結果不同，實質上，從生產一開始就有著生產手段與行為的區別，這就是說，兩種生產便有對於「藝」的不同態度，以「藝」的行為去實現自己的目標有不同的方式和方法。

中國古代還有一個特殊情況，那就是在精神生產領域內，又要一分為二：以體現「自然之道」為目標與以體現「人道」為目標的兩種精神生產，對於「藝」的態度也有不同。前者更注重把「道」看成是「藝」的本體、內容，「藝」是「道」的感性顯現，最高的藝術境界便是「道」的境界。後者則是把「藝」看成是「道」的載體，是體現「道」、實現「道」的一種技術手段，「道本技末」。這樣，連同物質生產領域中的「藝」，我們的先人，就有了三種不同的「藝」的態度與行為。

第一節　「知者創物，巧者述之」

追溯「藝」的原始之義——種植，我們可以先認識一下物質生產者對於「藝」的態度及其行為。

種植農作物是要一定技藝的，南方農村稱善於精耕細作的農民為「作家」，就有「善作」之意。古代的物質生產主要有兩大類，一是種植，二是製造日用生產與生活器具（狩獵也是物質生產活動，但不製造產品，只是獵獲自然之物）。在戰國時有一部重要的典籍——《世本》，原書已散佚於唐代，據清代學者輯錄的材料得知，《世本》有《作篇》，專門記載各方面的製作技巧。「作」，就是起始，創造出原來沒有的東西曰「作」。《作篇》裡列舉了「燧人作火」「句芒作羅」「伯余作

衣裳」「昆吾作陶」「雍父作杵臼」「桀作瓦屋」等創造生活、生產器
物的例子，也列舉了伏羲、神農「作瑟」「作琴」，「隨作笙」，「女媧作
笙簧」，「伶倫造律呂」，「夔作樂」，「史皇作圖」，「沮湧蒼頡作書」
等創造樂器、音樂、圖畫、文字的「藝事」。這些記載，我們從《周易》
中也可以完全得到證實。《周易》說「形而上者謂之道，形而下者謂之
器」，古人將「器」的製作置於非常重要的位置：「備物致用，立成器
以為天下利。」也說明了當時製造各種器具都是模仿自然物象而進行
的：「見乃謂之象，形乃謂之器，制而用之謂之法。」這「法」的觀念
與「藝」的觀念是可以相通的。不過，《周易》把這種創造的功德都歸
之於少數的聖人，並且顛倒創造過程中精神觀念與實踐行為的關係，
比如〈繫辭〉說：

> 作結繩而為網罟，以佃以漁，蓋取諸《離》。
> 包犧氏沒，神農氏作，斫木為耜，揉木為耒，耒耨之利，以教天
> 下，蓋取諸《益》。

這種推測，純屬主觀性的。《離》卦的卦像是☲，按《說卦》「離
為目」的解釋，目即孔，上下兩個穹窿，有網之象；《益》卦的卦像是
☲，下震上巽，「巽為木」，「震，動也」，上木震動而入下，有木犁耕
地之象。如此解釋，又何嘗不能說這兩種卦象，就是對網與犁地的模
擬呢？卦像是不可能憑空杜撰的，我們只能說，《周易》將那些具體的
生產活動附會於神秘的卦象，是對物質生產者的實踐行為予以了熱情
肯定。種植的觀念，確實蘊含在《益》卦之中。「益」，人們對原生自
然，因衣食之求已不斷有損，「損而不已必益」，通過種植活動，對大
自然界「有所增益」，使之取之不盡，用之不竭。

　　對於考察物質生產者「藝」的態度與行為，現在尚存的最有價值的一部著作，便是春秋末年齊國的官書《考工記》，它較為詳細地介紹、敍述了當時的「百工之事」，一開始就說：

　　國有六職，百工與居一焉。或坐而論道，或作而行之，或審曲面勢以飭五材，以辨民器。……坐而論道，謂之王公；作而行之，謂之士大夫；審曲面勢，以飭五材，以辨民器，謂之百工。

　　「百工」，就是當時從事「民器」製造的各種工匠，他們各有自己一套工藝、技術的本領。高爾基說：「藝術的創始人是陶工、鐵匠、金匠，男女織工、油漆匠、男女裁縫，一般地說，是手工匠，這些人的精巧作品使我們悅目，它們擺滿了博物館。」[2]《考工記》正是這些手工藝者藝術經驗的記錄，從中可以看出他們怎樣「按照美的規律來建造」。

　　「知者創物，巧者述之守之，世謂之工。」這是《考工記》的作者對於「藝術」創造的樸素定義。所謂「知者」，是指那些具有高度智慧、善於從大自然學習和吸取，又有創造天才的發明家、大能人，而不是《周易》所說從卦象獲得啟示而製造各種日用器具的「聖人」。他們不能像王公「坐而論道」，對於「生產什麼」也沒有充分的自由，主要是服從統治階級的意願生產。對於他們，沒有什麼抽象的「道」，《考工記》提到的是：「天有時，地有氣，材有美，工有巧，合此四者，可以為良。」這可能就是他們的工藝之道。似乎與「天道」「地道」有關，但實際上，他們切身體驗的是氣候環境對工藝製作的直接影響，天時

2　《高爾基選集‧文學論文選‧論藝術》，人民文學出版社1958年版，第414頁。

冷熱，地氣乾濕，會對材料與施工有利或有害，「材美工巧然而不良，則不時，不得地氣也」。在工藝創造過程中，他們的藝術態度便是「知」與「巧」，「審曲面勢，以飭五材」，這是先有「知」而後能「巧」，充分認識把握材料的自然性質，然後施以巧工。「巧」，更突出了「百工」的職業特點，「巧」方可為「工」，「工」必有「巧」才算良工：輪人斫輪，「三材既具，巧者和之」；畫繢之事，「雜四時五色之位以章之，謂之巧」。巧，不是隨心所欲地蠻幹，而是「懂得怎樣處處都把內在的尺度運用到物件上去」，創造出既有實用價值又美觀的產品來。

根據《考工記》及有關當時工藝製造的其他文獻記載，我國古代那些「藝術的奠基人」，在他們「知」而「巧」的生產活動中，已積累了不少寶貴的藝術經驗，這些經驗，對於以後才發展起來的造型藝術和其他藝術樣式，有極大的啟迪作用。而不少工匠手下的產品，實際上已成為千姿百態的雕刻藝術品。

我國古代很早就有了「數」的觀念，這在《周髀算經》就有各種記載，工藝匠人們因是具體的實踐製作，數學與工藝的關係變得密切起來，清代學者戴東原在《考工記圖》中闡釋道：「考工諸篇，高庫廣狹有度。」「度」就是手工藝人在製作中對一定的數量關係的把握，以實現製成品的和諧美與勻稱美，如玉石匠人琢璧，「璧羨度尺，好三寸以為度」，同時，也強調製作中要符規矩：「圜者中規，方者中矩，立者中懸，衡者中水。」輪人製造車輪，為了使車輛能快速而經久地馳行，就要有嚴格的技術標準：「樸屬而微致」，製造車輪的木材要品質最好，通過計算造得最圓，「不樸屬無以為完久地也，不微至無以為戚速也」。怎樣「微至」？「規之以視其圜也，矩之以視其匡也，懸之以視其輻之直也，水之以視其平沉之均也。」《考工記》中的數學記載，

最重要的是比例關系，據當代學者研究，它在確定器物各邊之間的比例關係時，「以被比線段作為一，然後用三分法截去其三分之一，使剩下的三分之二與原來的一段成二與三之比，如此連續分割，而二與三之比不變」。這是近似古希臘數學家與藝術家對黃金分割率的把握，這是一種美的造形尺度。除此而外，製造打擊樂器要掌握形體結構與聲音之美的關係，〈鳧氏為鐘〉篇分析了鐘的厚度、鐘口的廣度對音律的影響，提出改變或鑄或磨樂器的厚度、寬度等辦法，來調節音律。「古希臘的畢達哥拉斯學派發現了數與悦音的關係，與他們時代相近的中國匠人則發現了比例同悦音的關係，前者側重研究振動頻率帶來的音調高低清濁，後者則是研究振動物體本身的結構比例（厚薄、長短、寬狹）對聲音高低清濁的影響。」[3]這種「巧」的創造，已是真正的藝術創造、美的創造了。

　　這些「藝術的奠基者」，不只是由「知」而後「巧」進入了科學的領域，他們對不少具有特殊用途的產品（主要為宮廷或達官貴人所製造），因其審美價值超過實用價值，使其製作技藝精益求精，因而進入了藝術的殿堂。他們或是擅長各種形象的精密刻畫，或是熟練地運用象徵的手法，或是巧妙地化實為虛，化虛為實，虛實相映成趣。《韓非子》中講到一個畫莢藝人的故事，此人為周君畫莢，三年而成，周君一看，不過是一個上了漆的莢而已，看不出什麼名堂來。畫莢者説：「築十版之牆，鑿八尺之牖，而以日始出時加之其上而觀。」周君照辦了，結果，「望見其狀盡成龍蛇禽獸車馬，萬物之狀備具」。這個畫「莢」有何用途，現在已弄不明白，就其特殊看莢之法，大概屬微型繪

3　參見高若海《〈考工記〉與美學》第262頁，載復旦大學出版社《美學與藝術評論》（二）。

畫或雕刻之類，在初日之光照耀之下，才能盡觀其妙，可見畫者對各
種形象的刻畫何等精緻細密！應該是一件真正的藝術品了。匠人們對
於形象的刻畫和描繪，有的不是為了直接的觀賞價值，他們往往是用
各種器物的自然界動植物形象或種種天象，象徵大自然的神秘力量，
或象徵統治階級的各種權力。《考工記》中〈輈人為輈〉章，講到周代
天子與諸侯車隊的旗幟，各種旗上分別畫（或繡）著「日月」「交龍」
「鳥隼」「熊虎」「龜蛇」等物，據鄭玄說：「旗畫成物之象，王畫日月，
象天明也。諸侯畫交龍，一象其升朝，二象其下復也。」畫熊虎，「象
其守猛莫敢犯也」，「鳥隼象其勇捷也，龜蛇象其扞難避害也」。這些對
應物，直觀看都是具象的，但從它們所代表的觀念來說，便成了意
象，正如後來王充所說：「禮貴意象，示義取名也。」（《論衡》〈亂龍
篇〉）這種象徵手法的運用擴大了形象表現手法的作用，既可表現直接
的意義，又可表現間接的意義。兩漢之前，文學藝術多象徵性表現，
講究「稱名也小，取類也大」，無疑也有手工藝者的一份功勞。

　　虛實關係問題的處理，在文學、繪畫、音樂的創作中，也是一種
「微而難能」的藝術手段，「以虛當實，以白計黑」，應是作家藝術家之
能事。而這種藝術手段的發明，也得歸功於工藝匠人充滿智慧與美感
的創造。宗白華先生在一篇文章中談到古代美學中的虛與實的觀念
時，最先提到的便是《考工記》中〈梓人為筍虞〉章：「鐘和磬的聲音
本來已經可以引起美感，但是這位古代工匠在製作筍虞時，卻不是簡
單地做一個架子就算了，他要把整個器具作為一個統一的形象來進行
藝術設計。在鼓下麵安放著虎豹等猛獸，使人聽到鼓聲，同時看見虎
豹的形狀，兩方面在腦中的虛構結合，就好像是虎豹在吼叫一樣。這
樣，一方面木雕的虎豹顯得更有生氣，而鼓聲也形象化了，格外有情
味，整個藝術品的感動力量就增加了一倍。在這裡，藝術家創造的形

象是『實』，引起我們的想像是『虛』，由形象產生的意象境界就是虛實的結合。」[4]梓人的巧妙之處就在於「擊其所懸而由其虡鳴」，產生形、聲相映的審美效果：虎豹「厚唇弇口，出目短耳，大胸燿後，大體短脰……其聲大而宏」，用以配鐘；鳥類動物，「銳喙決吻，數目顧脰，小體騫腹……恒無力而輕，其聲清陽而遠聞」，適於配磬。這種形聲相配，虛實結合，發展到形神兼備。梓人這樣的作品，成了以後繪畫雕刻乃至文學的具象化教材。

「藝」，作為人們由「知」而「巧」的行為，隨著行為的對象的不同，由農藝而工藝，而畫藝，而樂藝，而再文藝、詩藝。後來蘇軾在回顧藝術事業的發展時曾說：「知者創物，能者述焉，非一人而成也。君子之於學，百工之於技，自三代曆漢至唐而備矣。」（《考工記》〈書吳道子畫後〉）他沒有忘記「百工」即無數「藝術的奠基人」的功勞。當「藝」的行為從物質創造領域轉向精神創造領域時，越來越多地受到人的精神支配，不再是一種單純的技術性勞動，最後在詩、文、音樂（僅指作曲，不包括演奏、演唱）領域內，則完全是思想情感的行為，純粹的精神性勞動。因此，它的產品也就是精神產品，它的價值主要是精神價值。作為人的精神行為，它創造出人間最高形態的美，因而，它是人的本質力量物件化實現的最佳手段。

第二節　「疑神」之技通於「道」

老子崇尚自然、無為，他最反對「樸」散而為「器」，因此，他對於具有行為意義的「藝」或「技」很少論及。而莊子，他也是以「樸」

4　《美學散步》，上海人民出版社1981年出版，第32-33頁。

為道的本性，甚至說過「夫殘樸以為器，工匠之罪也」（《莊子》〈馬蹄〉），但是他卻熱衷於言「藝」與「技」，為什麼呢？

在莊子的心目中，「道」雖然是生出天地萬物的一種無可名狀的自然力量和自然規律，但它並非一種絕對的抽象理念和精神，而是「有情有信」，雖然「無為無形」，卻「可傳」「可得」，使人可以在精神領域裡體驗到它。它不是人格神，但具有一種自然人格化的力量，表現於一切事物之中，賦予一切事物以生命。有一次，他回答東郭子問「所謂道，惡乎在」時，莊子回答「無所不在」，並極而言之「在螻蟻」「在稊稗」「在瓦甓」「在屎溺」，就是說，凡「物」都有「道」在其中（《莊子》〈知北遊〉）。總之，「道」游於天地之間，是自由的象徵，人一旦悟到了「道」，他也就進入了自由王國。正如《莊子》〈秋水〉篇裡，北海若對河伯所說：「曲士不可以語於道者，束於教也。今爾出於崖涘，觀於大海，乃知爾醜。爾將可與語大理矣。」

由於莊子認為人可體悟「道」的奧秘，因此他不苟同老子的「絕聖棄智」，對於人的主體認知能力，在一定的範圍內予以充分的肯定。他提倡「大知」，所謂「大知」，就是從廣闊的空間和悠遠的時間範疇進行宏觀把握。他說：「小知不及大知，……朝菌不知晦朔，蟪蛄不知春秋。」（《莊子》〈逍遙遊〉）「小知」只是把握具體事物的有限能力和有關具體事物的具體知識，而「知天之所為，知人之所為者，至矣」。又說：

知天之所為者，天而生也；知人之所為者，以其知（智）之所知以養其知（智）之所不知。終其天年而不中道夭者，是知（智）之盛也。（《莊子》〈大宗師〉）

　　知天、知地是最高的知，用自己智力所能理解的，去啟迪所尚未理解的，人通過自己的認知能力使自身主體與物件客體溝通起來（如《周易》所説，一方面是「窮神知化」，一方面是「精義入神」），這樣，自然的作用可以人為，人之所為亦如自然的作用，「庸詎知吾所謂天之非人乎？所謂人之非天乎」（《莊子》〈大宗師〉）。莊子正是有了超越老子的這種思想方法，才使他由「體道」而邏輯地進入一種「能有所藝」的新的思想境界。對此，我還想引用徐復觀先生一段話深化一下：

　　老莊所建立的最高概念是「道」；他們的目的，是要在精神上與道為一體，亦即是所謂「體道」，因而形成「道的人生觀」，抱著道的生活態度，以安頓現實的生活。……他們所説的道，若通過思辨去加以展開，以建立由宇宙落向人生的系統，它固然是理論的，形上學的意義；此在老子，即偏重在這一方面。但若通過功夫在現實人生中加以體認，則將發現他們之所謂道，實際是一種最高的藝術精神；這一直要到莊子而始為顯著。[5]

　　徐先生所説的「功夫」，就是「藝」，莊子又稱之曰「技」，他在《莊子》〈天地〉篇中，有個雙向相對的推導，一個方向是「通於天地者，德也；行於萬物者，道也；上治人者，事也」；當「事」落到「能有所藝者，技也」，於是又反向推導：「技兼於事，事兼於義，義兼於德，德兼於道，道兼於天。」他雖然是把「藝」與「技」視為「上治人事者」的行為和手段，但由此又可以與「道」相通。「道」雖然是本，

5　《中國藝術精神》，春風文藝出版社1987年版，第42頁。著重點號為原文所有。

「技」雖然在末，但「技」不只是處於被動地從於「道」、致其「道」的邏輯序列之中，而是以「技」體「道」，「道」見於「技」的內在的精神交流。莊子具體地闡述這一問題時，他不重在治人之術，而是重在治物之術，講人的主觀精神如何駕馭、把握客觀事物，對客觀之物如何進行出神入化的再創造而至於「以天合天」。這「藝」「道」相通的精神過程是從「凝神」到「疑神」，「凝神」是因，「疑神」是果。

「凝神」，不只是一個精神集中的問題，莊子首先提出一個熟悉物性、尊重客觀事物自身的發展規律，人必須順應自然於前，才能把握自然於後。在《莊子》〈達生〉篇中，莊子借老子的學生關尹之口，企圖先從理論上闡明這一問題：

> 子列子問關尹曰：「至人潛行不窒，蹈火不熱，行乎萬物之上而不慄。請問何以至於此？」關尹曰：「是純氣之守也，非知巧果敢之列。居，予語汝：凡有貌象聲色者，皆物也，物與物何以相遠，夫奚足以至乎先，是色而已。則物之造乎不形，而止乎無所化。夫得是而窮之者，物焉得而止焉？彼將處乎不淫之度，而藏乎無端之紀，遊乎萬物之所終始。壹其性，養其氣，合其德，以通乎物之所造。夫若是者，其天守全，其神無郤，物奚自入焉！

《莊子》書中所謂「至人」或「真人」，都是指那些道藝非常之人。「真人有真知」，至人知之至，他們不踐踏、不漠視自然之理，不逆自然發展之勢，並使自己進入一種忘我、無我之境，以物觀物，人與物化，這樣自然之物就不會與人對立而是統一，物就不會傷害人了。為此，莊子又講了一個故事（寓言）：孔子在一個名叫呂梁（今江蘇銅山縣東南呂梁洪）的地方觀賞瀑布，這是一個黿鼉魚鱉所不能遊的地

方，卻見一個男子在水中，孔子以為是投水自殺者，急命學生順流去救，卻見那人「數百步而出，被髮行歌而游於塘下」，一場虛驚。於是孔子問他：「蹈水有道乎？」那人說，我沒有道，我不過是熟悉水性、水情，從下卷的漩渦入，從上湧的漩渦出。我只是順從水的道理而不按自己的私意去玩水（「從水之道而不為私焉」）。當孔子再問其所以然時。他只說，我生在水邊長在水邊，從小就習慣於水上生活，練就了一身蹈水的本領就能自由地游於險水之中，這對於我來說已是極為自然的事，如同命中固有的本性那樣（「長於水而安於水，性也；不知吾所以然而然，命也」）（《莊子》〈達生〉）。

「凝神」，還有很多精神修養的功夫。莊子認為，順從自然，融通物性，更重要還在於主觀自我的「心齋」之功何如。何謂「心齋」？莊子借孔子回答顏回「吾無以進」來提出一種新說：

> 「敢問心齋。」仲尼曰：「若一志，無聽之以耳而聽之以心；無聽之以心而聽之以氣。耳止於聽，心止於符。氣也者，虛而待物者也。惟道集虛。虛者，心齋也。（《莊子》〈人間世〉）

「心齋」的核心就是「一志」，就是凝神淨慮去體驗萬事萬物的自然之理，這是「虛而待物」，只有在內心體驗中悟到了事物的根本道理，在認識上獲得了自由，才會有行為的自由。捕蟬，本是一種小技，有個佝僂者用一根竹竿裝上一些黏液去捕蟬，出手皆得，孔子見此也感到驚奇，問他：「子巧乎，有道邪？」捕蟬者坦然回答：「我有道也。」他的「道」，首先是舉竹竿的技巧訓練：先在竹竿頂端放兩個彈丸，不掉下來，捕蟬時失敗就少了；再加至三個，失敗次數就降低到十分之一；再加至五個而不掉，便如隨手拾取了。竹竿在手中自由

了，在捕蟬過程中還要精神高度集中：我站在那裡，身體像木頭一樣靜止不動；我控制手臂的動作，使手如枯槁之樹的枝條。此時，雖然天地很大，萬物紛呈，我的眼中卻只有那薄而透明的蟬翼，不見其他，「吾不反不側，不以萬物易蜩之翼，何為而不得！」孔子聽了後對學生說：「用志不分，乃凝於神。其佝僂丈人之謂乎！」（《莊子》〈達生〉）這就以「心齋」之功而「凝神」，而與「道」通。

要達到志一而「凝神」，莊子還特別強調一種「心忘」之功，做一件什麼事要無所用心，才能順心完成，這要徹底排除頭腦中的功利觀念和身外的功利目的。顏回在一次過河時，發現一個船工「操舟若神」，問他何以至此，舟子只回答：「善遊者數能。若乃夫沒人，則未嘗見舟而便操之也。」會游泳潛水的人沒有見過船也會駕船。顏回不解其理，歸問孔子，孔子說：「善遊者數能，忘水也；若乃夫沒人之未嘗見舟而便操之也，彼視淵若陵，視舟之覆，猶其車卻也。覆卻萬方陳乎前而不得入其舍，惡往而不暇！以瓦注者巧，以鉤注者憚，以黃金注者殙。其巧一也，而有所矜，則重外也。凡外重者內拙。」（《莊子》〈達生〉）莊子借孔子之口講述了一個很重大的道理，那就是受制於外物而造成精神緊張、拘謹，人的心靈就不可能自由。怕死反而容易出危險，怕輸反而容易輸，被身外之利害得失所牽制，就不能「志一」，就不能「凝神」。莊子又以工倕之藝，正面再闡此理：

工倕旋而蓋規矩，指與物化而不以心稽，故其靈台一而不桎。忘足，履之適也；忘要（腰），帶之適也；知忘是非，心之適也；不內變，不外從，事會之適也；始乎適而未嘗不適者，忘適之適也。（《莊子》〈達生〉）

　　這就是「心忘」。心之適的前提是「心忘」，所謂「忘」也就是「惟道集虛」，虛而待物才能得物之真，得物之「精義」，人的感性與理性的把握才能自由；以物觀物，物我同化，人的精神超然物外，獲得充分的自由感，就是「忘適之適」了。這種精神狀態是一種最佳的創造狀態，是一種最好的技藝自由發揮的狀態；這種「凝神」的效應是「不疾而速，不行而至」（《周易》）、「以視無不見也，以聽無不聞也，以為無不成也」（《淮南子》）。

　　在莊子看來，任何一個能工巧匠，他要完成任何一項「見者驚猶鬼神」藝術的創造，都要將上述融通物性、用志不分、忘適忘利集於一身，精神的修養重於技藝的準備。梓慶削木為鐻，魯侯問他何術之有，他說，我一個普通工人有什麼術，要說有，那就是我將為鐻時，從不敢損耗自己的神氣，事先實行齋戒以淨心滌慮：

　　齊（「齋」字）三日，而不敢懷慶賞爵祿；齊五日，不敢懷非譽巧拙；齊七日，輒然忘吾有四枝形體也。當是時也，無公朝，其巧專而外骨消，然後入山林，觀天性形軀，至矣，然後成見鐻，然後加手焉，不然則已。則以天合天，器之所以疑神者，其由是與！（《莊子》〈達生〉）

　　這種技藝發揮之前的心理準備和精神的淨化，正是努力促成「藝」與「道」通，這就是莊子的創造心理學或能力心理學思想，也應該說是中國古代文藝創造心理學的基礎。後來在陸機《文賦》，劉勰《文心雕龍》的〈神思〉〈養氣〉等篇以及宗炳的畫論《畫山水序》中都得到了充分的發揮。

　　由「凝神」而達到「疑神」的創造，我想還舉《莊子》中著名的

兩篇寓言故事以提示讀者，一篇是〈庖丁解牛〉，莊子對那「疑神」之技作了淋漓盡致的描述；一篇是〈宋元君將畫圖〉，莊子描述了一個畫家那種忘我忘身外一切利害的神態。

請看庖丁解牛時那種令人神往的技巧：

> 庖丁為文惠君解牛，手之所觸，肩之所倚，足之所履，膝之所踦，砉然向然，奏刀騞然，莫不中音。合於桑林之舞，乃中經首之會。（《莊子》〈養生主〉）

這簡直是一場聲容並茂的勞動的舞蹈，出神入化的解牛之技給人以美的享受。文惠君不由得驚歎起來：「善哉，技蓋至此乎！」庖丁回答他的第一句話便是：「臣之所好者道也，進乎技矣。」這位勞動者已自覺地意識到他已通自然之道，具體來說就是牛的生理之道，既已通「道」，他的技藝操作就進入了「忘形」的境界：始學解牛之時，眼中看到的是整條牛的形體；三年之後，對於牛體的結構已心中有數，動刀時，只注意牛體各部的結構，眼中再無全牛了。「方今之時，臣以神遇而不以目視，官知止而神欲行。依乎天理，批大郤，導大窾，因其固然。」當他碰到牛的各個部位骨頭集結的地方，那種「凝神」之狀是：

> 怵然為戒，視為止，行為遲，動刀甚微，謋然已解，如土委地。提刀而立，為之而立，為之四顧，為之躊躇滿志，善刀而藏之。（《莊子》〈養生主〉）

宋元君的畫史，不是技工，而是一個真正的藝術家。當其他畫史

奉召而到時，都「受揖而立，舐筆和墨」，恭維之態可掬。而最後到的那位畫史，則見：

> 儃儃然不趨，受揖不立，因之舍。公使人視之，則解衣般礴裸。
> （《莊子》〈田子〉）

這位畫史可謂已經目中無人，他已進入創作中的迷狂狀態，忘君在前，忘記失禮可能會危及個人的生命安全，身外之事、之物，他已通通忘卻，好在宋元君是一位懂得藝術之道的國君，不但沒有加罪於他，而且慧目獨具：「可矣，是真畫者也。」

莊子因其「道」的觀念傾向是無限的自由，道在自由王國內無所不在，一切技藝操作和藝術只要能「凝神」忘形，就進入了自由發揮的狀態，也就進入了「道」的境界，因此，可說「凝神」之技通於道，「藝」即「道」。《考工記》裡所說手工藝人的「巧」，到莊子這裡已完全體現為受人的精神支配，莊子的「藝」實質上已昇華為一種精神行為，庖丁解牛那樣的勞動，猶如精神的勞動了。他「體道」而有「大知」，由「凝神」而後有「凝神」之技，自然之道與人的生命本體，人的生命本體與「藝」的行為，融為一體，形成了最高的藝術精神，因此，莊子已經開拓了作為一個真正的藝術家的精神境界。我以為，莊子的「藝道」觀在政治、倫理道德等方面沒有多少積極意義，但在關於人的主觀能動性最大限度地發揮進而至審美的藝術創造等方面，已是「本色」「當行」之論。他將哲學、美學、心理學冶於一爐，哲學方面關於無目的與合目的、合規律的論述，美學方面關於超功利審美、超越形象審美的論述，心理學方面關於凝聚和強化認知、興趣和注意力的論述等等，都是道前人所未道而足啟後人之智的精神瑰寶。

第三節　「下學」之藝致其「道」

儒家也把「藝」提高到與精神相調適的一種行為，但始終只處於實踐過程的末端。同「文」與「質」的關係比較一下的話，我們會發現：「道」較於「質」處在更高的位置，「藝」比起「文」來，卻是等而下之。這是因為，「文」是君子的自覺要求，君子無「文」，「虎豹之鞟猶犬羊之鞟」（《論語》〈顏淵〉）。「藝」，只是實現「文」的一種手段，並且不是唯一的、最重要的手段，君子通過道德精神的修養和各種知識的學習（「博學於文」），是達到「文」的主要途徑，而「藝」，多是在「吾不試」的境遇中之所為。

孔子的學生子夏說：「百工居肆以成其事，君子學以致其道。」（《論語》〈子張〉）在他看來，百工之藝只能成就一些具體的事，不能窺「道」之奧，只有君子所學的東西才能為「道」的實現發揮作用。儒家由於有「勞心者治人，勞力者治於人」的頑固觀念，他們對於勞動者的「藝」是有點瞧不起的。孔子雖然自稱頗能「鄙事」，但卻斥「問稼」的樊遲為「小人」，這說明他們對於物質生產並不怎麼重視，也不屑談及農、工的藝，孔子曾老老實實承認他對此的無知：「吾有知乎哉？無知也。有鄙夫問於我，空空如也。」（《論語》〈子罕〉）被納入君子所學的「六藝」，「射」與「御」本是當時貴族子弟進行軍事訓練的內容，與「禮」「樂」相比，屬於更低的層次，〈子罕〉章還有一條記載：「達巷黨人」諷嘲孔子「博學而無所成名」，孔子在學生面前自我解嘲：「吾何執？執禦乎？執射乎？吾執御矣！」看來只能以駕車去出名了。他將自己「多能」視為「鄙事」，他的學生將各種勞動技能視為「小道」，不能「致遠」，君子不為也。

君子學以致道的「藝」，真正不可少的是哪幾個科目呢？《禮記》

〈學記〉中說：

　　大學之教也，時教必有正業，退息必有居學。不學操縵不能安弦，不學博依不能安詩，不學雜服不能安禮。不興其藝，不能樂學。

　　此處所說的「正業」之外的「藝」，君子退而學之「藝」，只有禮、樂、詩三項，《禮記》是西漢人輯錄整理的。西漢司馬遷所著《史記》〈滑稽列傳〉中也有關於「藝」的記載，只不過又添了三藝：「六藝於治一也。《禮》以節人，《樂》以發和，《書》以道事，《詩》以達意，《易》以神化，《春秋》以義。」後來，東漢班固《漢書》〈藝文志序〉說法同此。

　　即使是如此高級的「藝」，也是不能與「道」等同的，「藝」就是「藝」，「道」就是「道」。「人而不仁，如禮何？人而不仁，如樂何？」（《論語》〈八佾〉）「道」與「禮」「樂」也沒有必然的聯繫，「藝」只不過是一種宣示或顯現的手段。孔子對學生有「君子上達、小人下達」（《論語》〈憲問〉）的告誡，「上達」就達於仁義之道，「下達」就是達於各種「鄙事」；又有君子「下學上達」之語，「下學」應該是禮、樂、詩、書，上達就是「大學之教」之「正業」。「道」於「藝」之間有著嚴格的界限，對於「道」「德」「仁」是「志」、是「據」、是「依」，對於「藝」是「遊」，那不過是正業之外的「玩物適情」。《禮記》〈學記〉又說：

　　故君子之於學也，藏焉，修焉，息焉，遊焉。夫然，故安其學而親其師，樂其友而信其道，是以雖離師輔而不反也。

　　頗有點寓教於樂的意思，強調了美育的重要，「藝」之興，是為了使學生「樂學」，藏、修、息、遊，亦有勞逸結合的味道，這種「遊」，是在志「道」、據「德」、依「仁」的必然王國裡，獲得一定程度的精神和審美的自由。自由的感受，純熟的把握，會心愜意地運用一切必要的技能，在潛移默化的心理機能發揮中，領悟「正業」的境界，從而「信其道」。

　　通過「下學」而固其「正業」，再「上達」而至仁義之道，是儒家實現理想形態社會美的必經之途，同時，「下學」還有助於個人自身人格美的實現，即可使君子有「成人」即人格完善之美：「子路問成人。子曰：若臧武仲之知，公綽之不欲，卞莊子之勇，冉求之藝，文之以禮樂，亦可為成人矣。」（《論語》〈憲問〉）具備了多種秉賦和才能的人，也就是治世的有用之材，有「文質彬彬」的風度。對於「道」之外的學問和技藝，可以造就出更完美的人才，儒家之中有比較開通的「通儒」或「碩儒」，「皓首窮經」而無暇旁顧者被嘲為「俗儒」或「腐儒」。子夏教育學生時，大概先教一些具體的技藝，他的同學子游批評說：「子夏之門人小子，當灑掃應對進退則可矣，抑末也。本之則無，如之何？」意思是子夏沒有首先傳授仁義大道。子夏聽到這個批評後辯解說：「噫！言遊過矣！君子之道，孰先傳焉！孰後倦焉？譬諸草木，區以別矣。君子之道，焉可誣也？有始有卒者，其惟聖人乎！」（《論語》〈子張〉）他認為雖然「道」以外的都是「下學」，在教育過程中也不可忽視，只能在循序漸進中致其「道」。

　　通過以上考察我們可以看到，儒學之士們沒有如「質猶文也，文猶質也」那樣看待「藝」與「道」的關係，他們只強調「下學」之藝以致其道，沒有論及「道」對於「藝」有什麼反作用，「道」對於人的藝之高下有何影響。原來，孔子及其學生們對待「藝」只重視其實踐

的功利目的，在這一點上，他們沒有比工藝匠人前進多少。工藝匠人有著一種被動的功利觀念，只求勞動產品符合產品佔有者的實用目的和審美要求，他們便有了精神和肉體的解脫。儒家門徒有的是強烈的主觀性的功利觀，將「藝」完全擺在「致道」的被動地位，「藝」外於「道」又必須從於「道」，就如後來所說，文藝不是政治但必須為政治服務。工藝匠人因有被動的功利觀念的制約，使他們不能對自己的創造作出理性的概括和思考，「得之於心而應之於手」卻「口不能言」；又囿於對產品實用價值和適合他人的審美要求，因此也更看重技術，抑制或沖淡主體的藝術追求，這就使他們之中的許多人只能成為藝術的奠基人而不能成為真正的藝術家。儒家信徒們因有著主動的功利觀念，對於技藝的發揮有著更多的清規戒律，處處提防「紫之奪朱」「鄭聲之亂雅樂」「利口之覆邦家」（《論語》〈陽貨〉），對於出神入化的藝術創造並不是很讚賞。「巧笑倩兮，美目盼兮，素以為絢兮」本是很美的傳神之筆，孔子只是淡淡地說「繪事後素」（《論語》〈八佾〉）。一切美的創造都得讓位於「道」的實施，「藝」事「小道哉」！孔子曾告誡他的學生：「弟子，入則孝，出則弟，謹而信，泛愛眾，而親仁。行有餘力則以學文。」（《論語》〈學而〉）

　　儒家體系關於「藝」而「道」從屬關係的觀點，直到東漢，還在強化。第一章裡我們已經談到，將技藝與方術聯繫起來而言「藝術」。而「禮」「樂」兩項不以「藝」稱。可能班固是採取另一種方法，即將書、數、射、御從「六藝」中摒除，代之以《詩》《書》《春秋》《易》，他在《漢書》中設〈藝文志〉篇，第一次將「藝」與「文」聯繫起來。對於重新調整的「六藝」，他是這樣詮釋和評價的：

　　六藝之文：《樂》以和神，仁之表也；《詩》以正言，義之用也；

《禮》以明體，明者著見，故無訓也；《書》以廣聽，知之術也；《春秋》以斷事，信之符也。五者，蓋五常之道，相須而備，而《易》為之原。

　　班固這樣一作調整，更集中地體現了「下學」以致「道」，其前五項，都可分別致「道」，又歸總於《易》。他非常重視學通而「畜德」，不惜「三年而通一藝」，十五年才學完「五藝」，學習的方法也只要「存其大體，玩經文而已」。他反對「碎義逃難，便辭巧說，破壞形體」，不能完整地領會「道」的精神。

　　時代終究在不斷地前進，正如「文」與「質」的觀念在漢代發生了較大的變化一樣，儒家「藝」與「道」的觀念也在向更切近觀實生活方面轉化，「建安七子」中應瑒、阮瑀各寫了一篇《文質論》，有趣的是「七子」中另一位徐幹，寫了論「藝」與「道」的專文，這就是《中論》〈藝紀第七〉。曹丕在《典論・論文》中稱讚徐幹「時有齊氣」，在《與吳質書》中又說：「偉長獨懷文抱質，恬淡寡欲，有箕山之志，可謂彬彬君子者矣。著《中論》二十篇，成一家之言，辭義典雅，足傳於後，此子為不朽矣。」

　　徐幹的「一家之言」，基本觀點還是儒家體系的，說得更準確一點，他更多地闡釋了《易傳》中聖人教民而作的觀點，即「通其變，使民不倦；神而化之，使民宜之」。《中論》一開始就說：

藝之興也，其由民心之有智乎；造藝者，將以有理乎。民生而心知物，知物而欲作，欲作而事繁，事繁而莫之能理也。故聖人因智以造藝，因藝以立事，二者近在乎身，遠在乎物。藝者，所以旌智飾能，統事御群也。聖人之所不能已也。

　　關於「藝」的行為發生，徐幹的解釋是比較合乎唯物主義觀點的，那就是因「知物」而「欲作」，「欲作」就須動「智」，「智」的發揮而有「藝」，技藝是群眾智慧的表現。古代先民在向大自然索取生活資料的活動中，他們要提高勞動效率和獲取更多的生活用品，迫切需要造出較好的生產工具，磨制石器或獸骨針，便是最簡單的工藝勞動。待到《考工記》所記載的那些器具產生的時代，那已是「事繁」的社會了，智慧的發揮和技藝的提高已從自發進入自為。為了適應統治者更高級的需要，為了自己的智慧和能力在產品上充分表現出來，為了在同行中取得更好的競技地位，普通的勞動便帶有某種藝術創造的性質，這就是「旌智飾能，統事御群」之意。馬克思、恩格斯在談到歐洲中世紀的手工勞動時曾指出：「每一個想當師傅的人都必須全盤掌握本行的手藝。正因為如此，所以中世紀的手工業者對於本行專業和熟練技巧還有一定的興趣，這種興趣可以達到某種有限的藝術感。」[6]徐幹把勞動者創造性勞動又歸之於「聖人因智以造藝」，「聖人之所不能已」，如果「聖人」一詞屬儒家所定義的話，那他就走到歷史唯物主義的大門口止步了。「聖人」應該是「全盤掌握手藝」的那些能人！

　　由物質轉向精神，徐幹精闢地論述了「藝」與「德」的統一，同時，也是「藝」與「道」的統一：

　　藝者，所以事成德者也；德者，以道率身者也。藝者，德之枝葉也；德者，人之根幹也。斯二物者，不偏行，不獨立。本無枝葉則不能豐其根幹，故謂之瘣；人無藝，則不能成其德，故謂之野。(《中論》)

6　《馬克思恩格斯選集》第1卷，第58頁。

　　他採取了莊子「技兼於事」的推導，不再是儒家的「藝」是「藝」，「道」是「道」，或以「大道」與「小道」來劃分，他特別強調二者「不偏行，不獨立」，只是內在與外在的職能不同而已，由此，他對孔子的「志於道，據於德，依於仁，游於藝」重新作了解釋：「藝者，心之使也，仁之聲也，義之象也」，突出了「藝」的地位和能動作用，不僅僅是「息焉，遊焉」的養性怡情的一種活動。如果說，正統儒家是「道」行須有「藝」從，由「道」而在一定程度上認識到「藝」的作用，莊子是「藝」高就有「道」在，由神化之技而悟「道」，那麼，徐幹則是「道」與「藝」相向而行，「藝」「道」相生互補，這種相生互補的形態就如根深幹勁、枝茂葉繁生機勃勃的一棵大樹。

　　正因為「藝」「道」相生互補，「藝」「道」「文」「質」就是思想與行為的統一，動機與效果的統一，「藝」「道」同輝與「文質彬彬」的統一。徐幹將此引向人的主體審美態勢：

　　美育群才，其猶人之於藝乎，既修其質，且加其文，文質者然後體全。

　　君子非仁不立，非義不行，非藝不治，非容不莊。

　　君子者，表裡稱而本末度者也，故言貌稱乎心志，藝能度乎德行，在其中而暢乎四肢，純粹內實，光輝外著。（《中論》）

　　「藝」既有「旌智飾能」的作用，用今天的話來說，就是使人的本質力量的外現，這種外現「非藝不治」。一個人沒有什麼專長，沒有什麼特殊的技能，他怎麼能充分表現出自己的本質力量呢？人的本質必須在物件化的過程中並最終在物件上表現出來，整個行為過程就是「藝」的發揮過程，「藝能度乎德行」是也！「度」，我以為既有藝能與

德行相稱之意（猶言貌與心志相稱），又有度引之意，由內度引而外，徐幹將《周易》〈坤文言〉所云「君子『黃』中通理，正位居體，美在其中，而暢於四支，發於事業，美之至也」，概括於「純粹內實，光輝外著」，將藝之「旌智飾能」作用上升到藝的本質意義的認識。

最後徐幹又回到「因藝以立事」的論題：

> 恭恪廉讓，藝之情也；中和平直，藝之實也；齊敏不匱，藝之華也；威儀孔時，藝之飾也。通乎群藝之情實者，可與論道；識乎群藝之華飾者，可與講事。[7]

在「藝」之情、實、華、飾方面，徐幹不免又遵循儒家的審美規範，但他將「藝」的重要作用置於可否「論道」、可否「講事」的地位，卻是先秦兩漢以來儒家之論裡所沒有的，或是理論觀點上不那麼明確的。徐幹與曹丕及其他幾位建安作家，都是「文學的自覺時代」的先行者，他們都對「文章，經國之大業，不朽之盛事」，有了偏重於主體方面的功利觀念，這就對自身之外的「道」不那麼重視了，於是便將美的自覺、文的自覺占了意識中的主導地位，因此也就對實行美與文的「藝事」看重起來，對於民眾之藝投下了關注的目光，對莊子的「道藝」觀也有了神會默契。徐幹最後說：「賓玉之山，土木必潤；盛德之士，文藝必眾。」藝術與文學終於開始聯繫了。

7　徐幹：《中論》〈藝紀第七〉，轉引自《百子全書》第2冊，浙江人民出版社1984年版。

第四章

「原道」種種及其效應

　　既然歷史地形成了兩種「道」的美學內涵，三種「藝」的態度與
行為，那麼在不同的社會環境裡，它們之間又是怎樣結合、怎樣溝
通？不同的「道」通過不同的藝術手段，會產生什麼樣的審美效應？
為此，我想通過三篇題目相同的專論加以剖析、觀照，看一看從漢至
唐期間，即中國的文學藝術發展、繁榮的一個關鍵時期，前述兩種
「道」怎樣施加影響於「藝」，怎樣指導文學家、藝術家的審美創造。
這就是西漢劉安及其門客所著《淮南子》中的〈原道訓〉、劉勰《文心
雕龍》中的〈原道〉和韓愈的單篇論文《原道》。

　　三篇〈原道〉，只有劉勰是專為文學而作的，列為「文之樞紐」之
首，其餘兩篇，都應該歸為哲學範疇，但是《淮南子》以〈原道訓〉
為核心提出了「形神」論，已直接聯繫到繪畫、音樂、舞蹈等藝術樣
式的審美創造與鑒賞。韓愈之論，則實為唐代「古文」運動之綱領，
對文學的發展影響極大。因為三篇專論分屬三個不同的時代，我們須

顧及不同時代的社會情狀，審美風尚及文學家與藝術家們不同的才識和膽力，同時，重點考察的不是「道」的發展而是「藝」在怎樣發展。

第一節　「神制則形從」——《淮南子》之術

在上編第二章裡，已談到《淮南子》中經常表現出道、儒思想的糅合，同時也有拼湊秦漢其他諸家學說的痕跡，故被後來學者目為「雜家」。他的「道」的觀念，基本上是以天地自然之道為核心，對「無為無不為」等方面的認識，闡發了比道家（尤其是老子）更具積極意義的見解，與《易傳》所闡述的「道」相近相通，但又沒有完全排斥儒家之道的功利目的。關於「藝」與「道」方面的認識，他遵循莊子的路線又發展了莊子之說，把莊子關於「藝」「道」關係的理想化形態，轉化為可從比較現實的理論基礎上進行具體的把握，而其重點，又在莊子「凝神」之技通於「道」的理論基礎上，推出中國藝術史上比較完整的「形神」理論，由人之「凝神」而可實現「凝神」的創造效應。進一步論證了「神」本來就在人的本體之中，因此，可以在人的藝術創造活動中，直接觀照人的主體之神的能動發揮及與客體之神的融合之狀，直接觀照「形」與「神」相兼併具的審美表現。

請先看《淮南子》對於「道」的表述：

> 夫道者，覆天，載也；廓四方，柝八極；高不可際，深不可測；包裹天地，稟授無形；原流泉渤，沖而徐盈；混混汩汩，濁而徐清。……

毫無疑義，他言的是自然之道，並且沿用了老、莊的一些言辭。

自然之道有大美，崇高與博大兼而具之，人生活在這美的氛圍中，應該順應它、利用它，《淮南子》接著就進入了人如何把握「自然之道」這一論題：

> 已雕已琢，還反於樸，無為為之而合於道，無為言之而通乎德，恬愉無矜而得於和，有萬不同而便於性，神托於秋毫之末而大宇宙之總。

這裡也是張揚老子「道常無為而無不為」，但是他對「無為」有新的解釋：「所謂無為者，不先物為也，所謂無不為者，因為之所為。所謂無治者，不易自然也，所謂無不治者，因物之相然也。」這就是說「無為」「無治」只是教人不要違背自然的規律去行動，合乎自然規律的積極行動就有「無不為」的積極效應。《淮南子》在此已涉及心物感應與交融的問題，在這個基礎上提出他的「形神」說。

《淮南子》的「形」「神」，與道家的養生學說有密切的關係，又直接吸收了宋、尹學派關於精氣的學說，精氣是構成萬物的本源，是形神共生的物質基礎。各種事物的變化，表現於形與神的變化，或形美神旺，或形衰神疲，實質上又都是「氣」的變化所致，或有氣而「沛然」，或雖有氣而「餒」。人也是因「氣」而成為生命的個體，人之氣不但賦予形體以生機，而且還見於人的意識之主向與行為，孟子就說過：「志壹則動氣，氣壹則動志。」《淮南子》論述「形」「神」「氣」「志」主要著眼於人的生命本體，他說：

> 「形」「神」「氣」「志」，各居其宜，以隨天地之所為。夫形者，生之舍也；氣者，生之充也；神者，生之制也。一失其位，則三者傷

矣。是故聖人使人各處其位，守其職，而不得相干也。故夫形者，非
其所安也而處之則廢，氣不當其所充而用之則泄，神非其所宜而行之
則昧，此三者不可不慎守也。[1]

　　人之所以有生命存在，就是「形」「神」與「志」「氣」共處而相
互作用。「形」是人的身體（形骸），「氣」是充斥於人體中的「血氣」，
是人得之於父母，受育於自然的生命力，而「神」是人的感覺、意志、
性情、思維和各種欲望融合而成的一種特殊的生命力量──精神力
量。「形」現於外，「氣」「神」藏於內，《淮南子》與當時論醫術的《黃
帝內經》的見解是一致的，都認為人的心臟是「凝神」「調氣」之所，
是「五藏之主」，「所以制使四支，流行血氣，馳騁於是非之境，而出
入百事之門戶者也」。這樣，便把人的主體之「神」從一種神秘的氛圍
中解脫出來了。在《淮南子》〈精神訓〉裡，又從生命的本原對莊子「用
志不分，乃凝於神」有進一步的發揮：

　　夫血氣能專於五臟而不外越，則胸腹充而嗜欲省矣；胸腹充而嗜
欲省，則耳目清、聽視達矣。耳目清、聽視達謂之明，五臟能屬於心
而無乖，則（孛夂）志勝而行不僻矣；（孛夂）志勝而行不僻，則精神
盛而氣不散矣；精神盛而氣不散則理，理則均，均則通，通則神。神
則以視無不見也，以聽無不聞也，以為無不成也。

　　《淮南子》把「神」放在一個使人可以具體把握的層次上，使莊子

1　以上三段引文均出自《淮南鴻烈》〈原道訓〉。用《百子全書》本，下引《淮南子》
　　文，均據此本。

那些「凝神」而後有的神化之技，從「道」的迷離恍惚中還原為人的本質力量的表現。這些論述，我們用今天的眼光來判斷，也同樣可以肯定它的正確性，對於一個從事精神勞動為主的藝術家來說，至為重要。《原道訓》及其以後各篇中與此有關的論述甚多，清理、歸納一下，將那些哲學道理加以引申，我覺得整部《淮南子》已闡發了藝術創造中一系列原則性問題，並且，後來在「文學自覺時代」魏晉六朝的畫論和文論中都有反響，發生了「因智造藝」的積極效應。

一、外感內應

藝術和文學的創造，首先有個情感觸發的問題，這就要求主體與客體之間有一個觸發的契機。當人的主體之神非常旺盛，他對於客觀事物的感知也就特別敏感，《淮南子》〈原道訓〉説：「人生而靜，天之性也；感而後動，性之容也；物至而神應，知之動也；知與物接而好憎生焉。」這就是人的主體之「神」發生第一個作用：感於外物而動情。雖然在談到心物交感時特別強調了「不以人易天」方是「達於道者」，還是一種比較被動的保守觀點，尚沒有「移情」的體悟，但又説「外與物化而內不失其情」，又使我們可以強調主觀情感對於外物的能動作用。實際上，《淮南子》在另一些地方還是強調這一點，比如説：「今人之所以眭然能視，然能聽，形體能抗，而百節可屈伸，察能分白黑，視醜美，而知能別同異，明是非者，何也？氣為之充而神為之使也。」（〈原道訓〉）人的審辨美醜的能力都取決於人的精神氣質，這又是外物不可干擾的，外感而內應，「應」在因外物或美或醜，而產生的或愛或惡之情。

二、中有本主

在外感於物中既已存在人的主觀作用，那麼內應於物中人的主觀的作用更須強化，進入藝術的創造就不會是盲目的行為。「時騁而要其

宿，小大修短，各有其具，萬物之至騰踴肴亂而不失其數。」就是說，人的精神到處馳騁，卻仍然能回返到本來的歸宿，不論外面的需要是小的大的長的短的，他都有充分的準備；不論外面萬事萬物怎樣翻騰紛亂，都不會失去自己的準則，這就是「中有本主」！在〈氾論訓〉中談到人從事某種藝術活動時，尤須如此：

譬猶不知音者之歌也，濁之則鬱而無轉，清之則燋而不謳。及至韓娥、秦青、薛談之謳，侯同、曼聲之歌，憤於志，積於內，盈而發音，則莫不比於律，而和於人心。何則？中有本主，以定清濁，不受於外，而自為儀錶也。

歌唱藝術本是「情動於中，故形於聲，聲成文謂之音」（《樂記》），情未動，聲則不能成「文」，因此就會「鬱而無轉」，「燋而不謳」，韓娥等著名歌唱家的歌之所以使人愛聽，就因其唱出了自己內心的真情實感。〈詮言訓〉裡再次指出「為文而造情」之不可取：「不得已而歌者，不事為悲；不得已而舞者，不矜為麗。歌舞而不事為悲麗者，皆無有根心者。」指出藝術創造中容不得有矯揉造作的感情表現，那只是無根之木，無心之人。

三、神主形從

這是藝術創造中一個核心問題。〈原道訓〉認為，人及其自己的創造物，「通於神明者」，必是「得其內者也」：「以中制外，百事不廢。中能得之，則外能收之。中之得，則五臟寧，思慮平，筋力勁強，耳目聰明；疏達而不悖，堅強而不 ；無所大過，而無所不逮；處小而不過，處大而不窕；其魂不躁，其神不嬈；湫漻寂寞，為天下梟。」這是就人之主體而言，當他進行藝術創造的時候，同樣也要將自己的內視

點、審美注意，聚焦於對象之「神」。〈説山訓〉中舉了一個畫人物的例子：「畫西施之面，美而不可悦；規孟賁之目，大而不可畏：君形者亡焉。」所謂「君形者」即西施與孟賁之「神」。在〈説林訓〉裡也有一例：「使但吹竽，使工壓竅，雖中節而不可聽，無其君形者也。」連吹奏樂器也須吹者有「神」又能傳音樂作品之「神」，回到〈原道訓〉所説：

> 以神為主者，形從而利；以形為制者，神從而害。

這段話的本意是講「治術」，並非專論藝術創作，但是我們今天卻可以把它看作是一個藝術創造的根本原則，甚至可以説魏晉之際畫論中的「形神」相關理論，例如顧愷之所説的畫人物「四體妍蚩，本無關妙處，傳神寫照正在阿堵之中」就是悟及此理。〈精神訓〉中有言：「夫孔竅者，精神之戶牖也。」人的眼睛是人體最重要的「孔竅」，是靈魂的窗戶，顧愷之便以善於點睛的「傳神」之術而著名於世。

四、物有自然，因物相然

人的藝術創造有很多門類必須與物質發生關係，工藝勞動更是如此，因此藝術創造必須順應物性，融通物情，因物之所為才能「無不為」，因物之相然才能無不成。人固有自己的本質力量，如果又能借助自然的力量，則可事半功倍。〈原道訓〉中首先從「人治」的角度闡明此理：「夫峭法刻誅者，非霸王之業也；箠策繁用者，非致遠之術也。離朱之明，察箴末於百步之外，不能見淵中之魚；師曠之聰，合八風之調，而不能聽十里之外。故任一人之能，不足以置三畝之宅也；循道理之數，因天地之自然，則六合不足均也。是故禹之決瀆也，因水以為師；神龍之播穀也，因苗以為教。」這就告訴我們，人的精神並非

萬能，精神傾注的創造，須使物質的本來作用也充分調動起來，才足以顯示出人的本質力量的強大。〈泰族訓〉特別列舉了幾個工藝製造的例子：

> 夫物有以自然，而後人事有治也，故良匠不能斲金，巧匠不能鑠木，金之勢不可斲，而木之性不可鑠也。埏埴則為器，窾木而為舟，鑠鐵而為刃，鑄金而為鐘，因其可也。

莊子所談神化之技，也談到人的技藝自由地發揮一定要順從自然，融通物性，但他談這些主要是作為「通於道」的象徵，《淮南子》則對於創造過程中的物件條件予以了重視，並且具體化了，與《考工記》談到的「材美工巧」是一脈相承的。藝術的創造能及於此，可說是「精通於靈府，與造化者為人」了。

五、規矩不能與人以巧

《淮南子》在肯定庖丁解牛那種技巧自由發揮的同時，指出某一種專業技術可以讓人掌握，但又不能保證他成為能工巧匠，這裡有一個「從外入者，無主於中，不止；從中出者，無應於外，不行」的道理在，學習一切技巧、規矩，都必須有自己心領神會、融會貫通的一番努力，方能獨具匠心。〈齊俗訓〉說，工藝匠人所用的「規矩鉤繩」，是「巧之具也，而非所以巧也。故瑟無弦，雖師文不能以成曲，徒弦，則不能悲。故弦，悲之具也，而非所以為悲也」。一個高超的藝人，一位優秀的樂器演奏家，他們有一種合於「規矩鉤繩」又超越規矩鉤繩的「不共之術」：

> 若夫工匠之為連鐖運開，陰閉眩錯，入於冥冥之眇；神調之極，

遊乎心手眾虛之間，而莫與物為際者，父不能以教子。瞽師之放意相物，寫神愈舞，而形乎弦者，兄不能以喻弟。今夫為平者准也，為事者繩也。若夫不在準繩之中可以平直者，此不共之術也。故叩宮而宮應，彈角而角動，此同音之相應也。其於五音無所比，而二十五弦皆應，此不傳之道也。

區別一般的技術與高超的藝術，此為精闢之論。「不在準繩之中可平直者」，正是作為藝術家所必須有的基本功，合于規矩又超越了規矩，進入高度自由的狀態，才會有真正的藝術創造，而不會是重複人人可循規蹈矩的技術製作。這種「不共之術」，正是物質勞動向精神勞動轉化的表徵，是藝術家的精神、智慧「滑淖纖微，倏忽變化，與物推移，雲蒸風行，在所設施」之所至。這裡又有一個從事藝術創造活動的精神、學識有高度修養的過程，〈修務訓〉說：

君子有能精搖摩監，砥礪其才，自試神明，覽物之博，通物之雍，觀始卒之端，見無外之境，以逍遙仿佯如塵埃之外，超然獨立，卓然離世，此聖人之所以游心。

「遊心」而「內運」，正是進入精神高度自由，技巧發揮高度自由的境界。

六、藝乃服習積貫之所致

《淮南子》不是唯「不共之術」是遵，對於藝術創造的技巧、技術亦須有長期、刻苦的訓練，因為「不共之術」要經有形之術表現出來，「寫神愈舞」必須「形乎弦」，〈修務訓〉著重論述了人之才能的先天與後天的關係：「夫純鈞、魚腸之始下型，擊則不能斷，刺則不能入，及

加之砥礪，摩其鋒鍔，則水斷龍舟，陸割犀甲。明鏡之始下型，曚然未見形容，及其挖以玄錫，摩以白旃，鬢眉微毫，可得而察。夫學，亦人之砥錫也。」接著又舉了一個盲者彈琴的例子，說明技巧學習，須經過十分熟練的階段才能達到自由發揮的境地：

今夫盲者目不能別晝夜，分白黑，然而搏琴撫弦，參彈復徽，攫援摽拂，手若蔑蒙，不失一弦。使未嘗鼓瑟者，雖有離朱之明，攫掇之捷，猶不能屈伸其指。何則？服習積貫之所致。

藝術創造是一項艱苦的勞動，不能光憑天賦才華。不習畫藝，堯、舜也不能成為畫家；不習編織之藝，禹、湯也不及蔡國姑娘和衛國少女的智慧。這就是「知者之所短，不若愚者之所修；賢者之所不足，不若眾人之有餘」。〈修務訓〉裡還有一段發人深思的話：

夫瘠地之民，多有心者，勞也；沃地之民，多不才者，饒也。由此觀之，知人無務，不若愚而好學。自人君公卿至於庶人，不自強而功成者，天下未之有也。《詩》云：「日就月將，學有緝熙於光明。」此之謂也。

《淮南子》全書中雖然沒有專門論及「道」「藝」關係的章節，但散佈於各「訓」之中的此類論述是十分豐富的，或可直接而用，或可引申而用，較之莊子之論，它的論述更具體，也更有實踐意義了。因此，它將為魏晉六朝文論和畫論大量吸收。比如，從「自然之道」講到「自然之勢」，在〈原道訓〉〈修務訓〉中凡數見（「……圓者常轉，窺者主浮，自然之勢也」「循理而舉事，因資而立權，自然之勢」等），

後來，宗炳的《畫山水序》和王微的《敍畫》，就以此作為山水畫的基本理論（「不以制小而累其似，此自然之勢」「夫言繪畫者，竟求容勢而已等」）。至于上述藝術創造中的六個原則性問題，更常為後來文學藝術理論所涉及、稱引和發揮。

《淮南子》雖然「雜」，有許多理論觀點不過是撮合了前人之說，但它總使原來一些零散的東西建立了聯繫，進行尚是有效的組合。它也有一個總的指導思想，老子說「道法自然」，據淮南所談那些屬於藝術或與藝術有關的問題，我們可說它明確主張「藝法自然」，這是一個非常可貴的轉向。劉安，這位多才多藝的王孫，傳說他「且受詔而日食時上」《離騷傳》，能理解屈原、欣賞屈原，就說明他確實是一個懂得藝術的人，以他的名號而傳世的《淮南子》，自然也就不是一般的「談空說有」之作了。

第二節　「雕琢情性」──「文心」之術

近代法國偉大的雕塑藝術家羅丹有句名言：「藝術就是感情。」又說：「在藝術中，有性格的作品才算是美的」，「美，就是性格的表現。」[2] 中國古代文學藝術家對這一藝術根本問題開發得很早，並將所得的理性認識概括、昇華為「情性」「情」「性」等美學範疇。例如，《樂記》中，對樂與「情性」的關係論述已比較充分，繪畫之「傳神」說，也主要強調表現審美對象內在的情性態勢。詩文理論中有關「情」「性」「情性」的論述，自魏、晉以來，更是熱門話題，而逐步超越了儒家詩教對人的情性的規範。劉勰的《文心雕龍》之作，把表現人的情性提

2　《羅丹藝術論》，人民美術出版社1978年版，第3、25、62頁。

高到本原論的高度來認識，在「文之樞紐」五篇展開了充分的論證，而在其餘篇章，尤其是創作論部分，重點便是「馭文」之術，實即「雕琢情性」之術。我們擬剖析他前之〈原道〉篇，聯繫後之〈總術〉篇（有必要時旁及其他篇章），考察一下劉勰在文學領域內關於「道」與「藝」的一些見解。

　　置於「文之樞紐」之首的〈原道〉篇，揭示了劉勰論文最重要的理論基點，他所「原」之「道」，跟《淮南子》之「道」大有相同之處，也是「自然之道」。不過劉勰繞了一個圈子，字面上給人印象是孔子之道，闡述的意義是《周易》之道，其深層結構就是「自然之道」。自漢朝始，《周易》被遵為儒家《六經》之一，劉勰便順著這一成見說話。《淮南子》偏於道家的傾向比較明顯，《文心雕龍》則是道、佛、玄、儒統統包容其中[3]，在「為文之用心」方面充分吸收了道（主要是莊子）、佛、玄的哲學、美學、心理學思想，而在文之世用方面也融合了儒家倫理學觀念和功利觀念。

　　劉勰論「道」，是從「文」及道，道體文用：

　　文之為德而大矣，與天地並生者何哉！夫玄黃色雜，方圓體分，日月迭璧，以垂麗天之象；山川煥綺，以鋪理地之形；此蓋道之文也。

　　這裡的「道之文」，是客觀大千世界之文，此文「惟人參之」，人與客觀世界發生感應，「物至神應」，於是「心生而言立，言立而文明」，有了「人文」，「人文」所遵循的唯「自然之道也」。人作為「有

3　參見拙文《論劉勰的核心文學觀念》中《劉勰哲學思想辨析》一節，載《江海學刊》1988年第3期。

心之器」，其文是自覺自為的，有別於「天文」的自發和無為。關於「人文」之祖，劉勰首推《周易》：

人文之元，肇自太極，幽贊神明，易象惟先。庖犧畫其始，仲尼翼其終。而乾坤兩位，獨制文言。言之文也，天地之心哉！

「仲尼翼其終」不過是囿於傳說。在下編第二章裡我已說過，《易傳》尚「變通」與「窮神知化」，如果引進文學藝術理論，它就是創造「文」、創造美之道，劉勰的用心也在於此，他傾心讚賞時代渺遠的「玉版金鏤之實，丹文綠牒之華」；讚賞商周時代的「文勝其質，雅頌所被，英華日新」；讚賞周文王的「繇辭炳曜，符采複隱，精義堅深」；讚賞周公旦的多才多藝，「剬詩緝頌，斧藻群言」。他又抬高孔子，以張「文心」之綱目：

至夫子繼聖，獨秀前哲，鎔鈞《六經》，必金聲而玉振；雕琢情性，組織辭令，木鐸起而千里應，席珍流而萬世響，寫天地之輝光，曉生民之耳目矣。

整部《文心雕龍》都是圍繞「雕琢情性，組織辭令」這一中心論題展開而進行精心的結構和組織，自成一個系統。

將「雕琢情性，組織辭令」上升到「原道」和「體道」來認識，是劉勰一種突破性的創見，也是自魏晉以來自覺的文學發展之必然，因為自曹丕提出「文以氣為主」和「詩賦欲麗」以來，「緣情而綺靡」已成為作家自覺的審美追求，被劉勰尊為師長輩的沈約也高唱「文以情變」「以情緯文」，那麼以情為主體的文學創作，是不是離經叛道呢？

文學理論家必須回答這一問題。《文心雕龍》的〈徵聖〉〈宗經〉兩篇，主要是回答這一問題。為了得到社會的接受，也是劉勰思想開放有一定的限度之故，他又推出「聖人」來現身說法。聖人在一般人的眼中是「道」的化身，那麼他的「文」與「情」自然就是「道」之「文」了：

　　夫作者曰聖，述者曰明，陶鑄性情，功在上哲，夫子文章，可得而聞，則聖人之情，見乎文辭矣。（〈徵聖〉）

　　不管「情性」這一概念在當時有何種倫理與道德的規範，但它總是來自人的內心，是體現人的精神面貌的要素，對於文學創作是須臾不可離卻的。「情信辭巧」，是「修身貴文之徵」亦是「含章之玉牒，秉文之金科」。在〈宗經〉篇裡，劉勰承〈原道〉篇提出「性靈所鍾」一語，兩次提到「性靈」這一新觀念，一說聖人之經是「洞性靈之奧區，極文章之骨髓」，一說「性靈鎔匠，文章奧府，淵哉鑠乎，群言之祖」。「性靈」較之「情性」似乎更接近人的生命本質，那是一種天賦的靈性，是自然之道在人的生命中的表現。在以後各篇中，劉勰一再使用「性靈」一詞。如〈情采〉篇說：「若乃綜述性靈，敷寫器象……」〈序志〉篇說：「歲月飄忽，性靈不居」等等。天地有天地的「性靈」，「雲霞雕色」「草木賁華」「林籟結響」「泉石激韻」等等，都是自然性靈的表現；人有人的性靈，但人的性靈只能憑自己用顏色、聲音和語言文字來加以「雕琢」，才會有感性的顯現，這就是「天文斯觀，民胥以效」。

　　劉勰將「情性」「性靈」與「文」確定了一種必然的聯繫（上編《文與質》中我已談到「情文」之列舉，此不贅述），繼而洞徹「道沿聖以垂文，聖因文而明道」之「奧區」，然後確定「辭之所以能鼓天下者，

乃道之文也」，作為「雕龍」之立論基礎。這樣一來，他大談「雕龍」或曰「雕琢」之術，就理正言順了。

對「文」之實現的行為和手段，劉勰不用「藝」這個詞，而是用「術」這個概念，他在文體論和自〈神思〉以下至〈物色〉篇，系統地談了不少「雕琢情性、組織辭令」的種種「術數」，現在我們只通過〈總術〉〈才略〉等篇，考察一下他關於「術」與「文」、與「道」的一些看法。

寫詩作文的技巧，在劉勰心目中有著相當重要的地位，「術」是「為文用心」的總體要求，不僅僅限於「練辭」一項，因此，「研術」是一位作家的重要基本功，關係到他審美能力的形成。

> 凡精慮造文，各競新麗，多欲練辭，莫肯研術。落落之玉，或亂乎石；碌碌之石，時似乎玉。精者要約，匱者亦鮮；博者該贍，蕪者亦繁；辯者昭晰，淺者亦露；奧者複隱，詭者亦典（曲）。或義華而聲悴，或理拙而文澤。知夫調鐘未易，張琴實難。伶人告和，不必盡窕槬之中；動用（角）揮扇（羽），何必窮初終之韻？（〈總術〉）

如果不「研術」，不掌握一定的為文之技巧，在寫作過程中往往會弄得美、醜不分，精、匱難斷，深、淺沒准，奇、正失度，工、拙無當。總之，會造成內容與形式的乖離。作家心中無數，手中無術，就很難把握好分寸。由此，劉勰特別強調作家一定要在鑑賞實踐和創作實踐中發現、考核和鍛煉自己的才能和藝術技巧。

> 夫不截盤根，無以驗利器；不剖文奧，無以辨通才。才之能通，必資曉術，自非圓鑒區域，大判條例，豈能控引情源，制勝文苑哉！

（〈總術〉）

　　「才能」是由「神思」敏捷之「才」與「馭文謀篇」之「能」合成之詞。〈神思〉篇云：「登山則情滿於山，觀海則意溢於海，我才之多少，將與風雲而並驅矣。」這是劉勰關於「才」的表述。而「使玄解之宰，尋聲律而定墨；獨照之匠，窺意象而運斤，此蓋馭文之首術，謀篇之大端」（〈神思〉），這便是「能」。能者有「術」，有「才」的作家也需要「秉心養術」「曉術」，「才」與「能」互補互用，方可成為文壇高手。

　　為文之術多端，並且不同的文體，其術亦不同，作家們也是「各適所好」，但有些是原則性東西，則有著普遍性意義。劉勰以下棋者通曉棋術來比喻作文：

　　若夫善弈之文，則術有恆數，按部整伍，以待情會，因時順機，動不失正。數逢其極，機入其巧，則義味騰躍而生，辭氣從雜而至。視之則錦繪，聽之則絲簧，味之則甘腴，佩之則芬芳：斷章之功，於斯盛矣。（〈總術〉）

　　如果「文體多術」而又有一些「共相彌綸」的法則的話，那就是「恆數」「情會」「時機」三項。何謂「恆數」？數，一般是指事物量變的不同程度，有時也可以與「術」相通，這裡的「恆數」之「數」，更近乎對創作物件、創作規律的具體把握。〈神思〉篇裡有「情數詭雜，體變遷貿」，到「至變而後通其數」。〈體性〉篇裡有「八體雖殊，會通合數，得其環中，則輻輳相成」。〈情采〉篇裡則把「五色」「五音」「五性」合稱為「神理之數」。作家創作要做到心中有「數」，那就是對

自己的創作物件要實現整體的把握，〈定勢〉篇裡講「即體成勢」便是
一種把握的方式：

> 勢者，乘利而為制也，如機發矢直，澗曲湍回，自然之趣也。

〈情采〉篇裡講「情」「理」「文」「辭」運籌於心又是一種把握：

> 情者，文之經；辭者，理之緯；經正而後緯成，理定而後辭暢，
> 此立文之本源也。

〈熔裁〉篇提出的「三准」說也是一種「恒數」：

> 是以草創鴻筆，先標三准：履端於始，則設情以位體；舉正於
> 中，則酌事以取類；歸餘於終，則撮辭以舉要。

　　作家對整個創作進程都能實現整體把握，心中有「數」且「恒」，
行文就如匠人依「繩墨之審分，斧斤之斫削矣」！這就是「數逢其極，
機入其巧」，量向質轉變的臨界度恰於其「數」。反之，「若術不素定，
而委心逐辭，異端叢至，駢贅必多」，那就無「數」可循，理繁詞濫。
　　「情會」「時機」與「恒數」是緊密聯繫著的，乃至是互為因果的。
「情會」是作家對自己主觀情感態勢須有自覺的把握，而「時機」是對
主體與客體、心與物、情與景交融契合那瞬間機遇的敏捷捕捉。劉勰
在〈通變〉篇裡對「情會」有一段精彩的闡述：

> 規略文統，宜宏大體，先博覽以精閱，總綱紀而攝契，然後拓衢

路，置關鍵，長轡遠馭，從容按節，憑情以會通，負氣以適變，采如宛虹之奮鬐，光若長離之振翼，乃穎脫之文矣。

「攝契」，就是捕捉住「神與物游」時某個契機而「憑情以會通」，動不失正，出奇制勝。

〈總術〉是對創作論各篇所論之術的概括和昇華，是「備總情變，譬三十之輻，共成一轂」。為文之術與工匠之技，時有相通之處，劉勰也用「輪扁不能語斤，伊摯不能言鼎」之類的出神入化之技喻之。但為文之術已更多地體現出精神勞動的特徵，是一種「心術」（又曰「智術」）。〈情采〉篇結語中說「心術既形，茲華乃贍」，正是這種「心術」的付諸實現，才有豐富多彩的詩賦文章，才有一代代「文采風流今尚存」的文學家和藝術家。

劉勰因「雕琢情性，組織辭令」而詳研為文之「心術」，如此注重文學創作藝術技巧的總結和探索，在中國文學理論發展史上，他是第一個（陸機《文賦》中也曾論及，但有「泛論纖悉而實體未該」之憾）。在〈序志〉中他有幾句話講得非常乾脆、俐落：

夫宇宙綿邈，黎獻紛雜，拔萃出類，智術而已。歲月飄忽，性靈不居，騰聲飛實，製作而已。

這是對精神領域內的藝術勞動高度的肯定和讚揚，是一位具有自覺意識的文學藝術理論家自豪之心聲。劉勰所論，解決了「道」與「藝」在文學領域內的關係。他將「道」自然化、情性化，這「道」實質上是文學領域內「美的規律」之所在，是文學創作一種「內在的尺度」。至於如何將這「內在的尺度運用到物件上去」，則須有「心術」

和「智術」，因此他確立了「藝」術作為一種精神性勞動在文學創作中的地位。如果說，《淮南子》的「原道」已體現「藝法自然」的思想，但還沒有構成範疇體系的話，那麼，劉勰由「原道」而揭示「自然之道」美的規律性，又怎樣運用「智術」「心術」即藝術的創造活動，使之成為物件化的實現，則是建構了一個「綱領明」「毛目顯」的完整的文學理論體系。總的說來，劉安和劉勰，都是著眼於第一種「道」的美學內涵，採取第一、第二者「藝」的態度和行為。劉安是因言「治術」而兼言藝術，劉勰則物件明確，專言「馭文之術」，所以，劉勰是完全自覺的，較之前人，他的理智更為清醒，較之後來某些衛道者，他的精神更為自由。

第三節　「文以明道」──「古文」之術

　　著眼於第二種「道」即「人道」的政治、哲學、美學內涵，而採取第三種（即精神生產領域的第二種）「藝」的態度和行為，則是自唐以後以維護儒家之道為旗幟的「古文」家們。

　　關於從唐初開始，一部分反思前朝滅亡之因的文人學士，強調以「先王之道」為文章之「質」，其歷史原因和政治原因，在上編《文與質》中已論及，這裡不再複述了。在此節，我只從韓愈的《原道》談起。

　　韓愈的《原道》並不涉及文章的寫作，只是表述他的哲學思想和政治主張，但他所宣導的對後世有極大影響的「古文運動」，實質上是以《原道》為綱領。所謂「文以明道」「文以貫道」，「明」的、「貫」的，便是《原道》中所明確界定的「道」。

　　《原道》發端見義：

　　博愛之謂仁，行而宜之之謂義，由是而之焉之謂道，足乎已無待
於外之謂德。仁與義為定名，道與德為虛位。

　　顯然，韓愈關於「道」的觀念就是「仁」與「義」，並且特別強調
仁義是實，言「道」是虛。接著，他特別將此「道」與老子之道、佛
家之「道」劃清界限：「凡吾所謂道德云者，合仁與義言之也，天下之
公言也。老子之所謂道德云者，去仁與義言之也，一人之私言也。」在
他看來，老子不過是「坐井而觀天」之輩。韓愈在此表現出比孔、孟
更極端的姿態，因為老子言「天道」，孔子也不反對言「天道」，在「天
道」範疇之內，孔子及其弟子們也不反對「無為」，孔子說過：「天何
言哉？四時興焉，百物生焉，天何言哉！」（《論語》〈陽貨〉）子思也
說過，天與地悠久博厚，「不見而章，不動而變，無為而成」（《中
庸》）。韓愈卻只以「人道」為天下之公言，以「自然之道」為一人之
私言，實在是將公與私顛倒過來了。而他，就以言「天下之公言」而
自詡、自任，有了被稱為「文起八代之衰，道濟天下之溺」的偉舉。
　　韓愈是封建社會裡一位正直的知識份子，受過正統的儒家教育。
作為出身於庶族地主階級的新官僚，他不滿意門閥世族的舊勢力殘酷
地剝削壓榨下層的勞動人民，又毫無作為地沉溺於醉生夢死的享樂生
活之中。而當時，道家思想已為一種宗教──道教所攫有，又有佛教
的興盛，道、佛二教的教徒們都躋身到壓榨老百姓的隊伍中來：「古之
為民者四，今之為民者六；古之教者處其一，今之教者處其三。農之
家一，而食粟之家六；工之家一，而用器之家六；賈之家一，而資焉
之家六。奈之何民不窮且盜也？」（《原道》）同時，道、佛二家的思
想被某些官宦接受，成為操陰柔之術的「巧宦」，對國對民也危害不
淺。從韓愈當時所處的地位與觀察社會現狀所處的角度而言，可見他

特別強調原「仁義」之道的一番苦心，從政治方面看，我們不太好非難他。但是，因為此「道」的政治觀念非常強烈，「明道」就是為了「由周公而上，上而為君，故其事行。由周公而下，下而為臣，故其說長」（《原道》），以此來激發作家的創作欲望，校正作家的創作動機，規範文章的思想內容，那就無異於公開號召文藝為政治服務了。

實質上，韓愈毫不掩飾他為「文」的政治目的，在《爭臣論》中就說：「君子居其位，則思死其官；未得位，則思修其辭以明其道。」作「文」也是參與政治、影響政治，以實現「君子」社會政治理想的另一種手段，為此，他非常重視「君子」須有政治家與文學家雙重素質。在他一篇重要的論文《答李翊書》中，便著重論證了兩種素質兼備，而後方可實現「文」與「道」一致。

在該信中首先勉慰李翊，說：你「道德之歸也有日矣，況其外之文乎？」接著便反說一句，「望孔子之門牆而不入於其宮者」，便不可能懂得文章孰是孰非的問題。道德與文章，兩種素質的修養，都必須從根本上下功夫，如果你要勝過當代文人並希望達到古代「立言者」的境界，還須認真刻苦地學習：「將蘄至於古之立言者，則無望其速成，無誘於勢利，養其根而竢其實，加其膏而希其光。根之茂者其實遂，膏之沃者其光曄，仁義之人，其言藹如也。」他又進而指出，要實現「道」與「文」的統一，還必須經過三個步驟：首先，嚴格而有選擇地閱讀古代典籍，「非三代兩漢之書不敢觀，非聖人之志不敢存」，在正宗的仁義之道的境界裡深造自得；其次，還須善於識別古書之「正偽」，「與雖正而不至焉者，昭昭然白黑分矣」，就能排除自己頭腦中「道」的觀念的偽雜成分；第三，雖然所學之道已至於「浩乎其沛然」，但還要「迎而距之，平心而察之，其皆醇也，然後肆焉」，達到純之又純的「道」的境界。這「道」的修養三段法，也是「文」的修

養提高的三個階梯，由學「道」有得而後作文，「取於心而注於手」，先是「惟陳言之務去」，接著是純正的文思「汩汩然來矣」，最後是「行之乎仁義之途，遊之乎詩書之源，無迷其途，無絕其源」，「道」與「文」都進入了自由境界。

韓愈終因在政治上「未得位」，所以在更多的場合還是站在文學家立場上講話，《進學解》裡的「國子先生」便是自況：以「口不絕吟於六藝之文，手不停披於百家之編」之「勤」，以「尋墜緒之茫茫，獨旁搜而遠紹」之「勞」，最後而至：

> 沉浸醲郁，含英咀華，作為文章，其書滿家。上規姚姒，渾渾無涯。周誥殷盤，佶屈聱牙。春秋謹嚴，左氏浮誇。易奇而法，詩正而葩。下逮莊騷，太史所錄。子雲相如，同工異曲，先生之於文，可謂閎其中而肆其外矣。

要恢復孔、孟的道統，他是把功夫下在文章上的，他不是站在統治者的地位元，強制推行文藝為政治服務的政策，而是站在文學家的地位，身體力行地實踐自己的主張，這正是「未得位，則思修其辭以明其道」！他要通過自己刻苦的藝術實踐，使「軻之死，不得其傳焉」的「道」，重新弘揚光大，他是一個非常自覺的為「道」而「文」者！

韓愈由「思修其辭」而積累了豐富的實踐經驗，發明了一套「古文」之術，對中國古代散文的寫作藝術，不得不從韓愈開始而刮目相看。因為先秦兩漢的散文（漢賦除外），以「辭達而已」為寫作原則，並沒有多少自覺的藝術追求，而韓愈，為了實現「明道」的最高目標，對於「古文」的藝術追求便有了同樣高度的自覺性。在《答尉遲生書》中便表現出這種傾向：

夫所謂文者，必有諸其中，是故君子慎其實。實之美惡，其發而不掩。本深而末茂，形大而聲宏，行峻而言厲，心醇而氣和，昭晰者無疑，優遊者有餘。體不備不可以為成人，辭不足不可以為成文。

當然，這種對於「藝」的態度和行為，雖不可能進入像莊子那樣最高的「藝」即是「道」的境界，把「道」化為一種藝術精神，但也臻于徐幹所嚮往的「純粹內實，光輝外著」。清代劉熙載曾就《答尉遲生書》分析，韓愈之文有兩種：「一則所謂『昭晰者無疑』，『行峻而言厲』是也；一則所謂『優遊者有餘』，『心醇而氣和』是也。」（《藝概》〈文概〉）他所說的第二種，當是韓愈文中那些藝術性最高、頗有審美價值之作，不是《原道》之類「大有功名教之文」。

韓愈發明了一些什麼樣的「古文」之術呢？

對於文學的藝術是語言的藝術，韓愈是相當自覺的。他把自己的文章稱為「古文」，首先就是對語言的革新，以先秦諸子接近口語語勢的單行散體而力排南朝之對偶駢文形式，主張語言樸實而反對虛務華麗，說「續言以為文，非以誇多而鬥靡也」（《送陳秀才彤序》）。為什麼一定要運用古人的文體與言辭呢？他在一篇《題哀辭後》中說：

愈之為古文，豈獨取其句讀不類於今者邪？思古人而不得見，學古道則欲兼通其辭，通其辭者，本志乎古道者也。

這在韓愈，也是在追求內容與形式的統一，因為內容是屬於「古道」的闡述，用矯揉造作的語言去表現便會不倫不類，唯有運用古風淳厚的語言，才不至於歪曲「古道」的本來面目。「仁義之人，其言藹如也」，古之「立言者」已樹立了最佳的「言」之風範，今之「立言者」

更當知言、善言。但是，韓愈也不主張生搬硬用古人的語言，尤其是反對剽竊古人的語言，他的原則是「意需師古」而「詞必己出」，在《答劉正夫書》中說：

　　或問：「為文宜何師？」必謹對曰：「宜師古聖賢人。」曰：「古聖賢人所為書具存，辭皆不同，宜何師？」必謹對曰：「師其意，不師其辭。」

　　「不師其辭」，就是說，雖然是述古聖賢之道，但不是用古人現成的語言，要將古人之意，用我的語言表述出來，因為我的文章是為今人所作，「傳道受業解惑」，語言表達就要有一定的針對性、靈活性，只能是「約《六經》之旨而成文，抑邪與正，辨時俗之所惑」。在《答李翊書》中他已經說過：「惟陳言之務去，戛戛乎其難哉！」何謂「陳言」？那就是缺乏個人獨特的創造性，陳陳相因地蹈襲前人的詞意。清代黃宗羲在《論文管見》中曾解釋此語：「所謂『陳言』者，每一題，必有庸人思路共集之處，纏繞筆端，剝去一層，方有至理可言。」劉熙載在《藝概》〈文概〉中也說：「所謂陳言者，非必剿襲古人之說以為己有也；只識見議論落於凡近，未能高出一頭，深入一境，自結撰至思者觀之，皆陳言也。」這些解釋是深合韓愈原意的。韓愈一生所致力的「古文」，並不是使自己之文僅僅合乎秦漢之文的審美規範，而是通過「師法古人」又「務去陳言」，獨創「奇崛新穎」之文，在《答劉正夫書》中，他還從鑒賞者的角度論述為文須「自樹立」的重要性：

　　夫百物朝夕所見者，人皆不注視也，及睹其異者，則共觀而言之。夫文豈異於是乎？漢朝人莫不能為文，獨司馬相如、太史公、劉

向、揚雄為之最。然則用功深者，其收名也遠。若皆與世沉浮，不自
樹立，雖不為當時所怪，亦必無後世之傳也。足下家中百物皆賴而用
也，然其所珍愛者必非常物，夫君子之於文豈異於是乎。

審美鑒賞厭見其同而樂睹其異，是一個非常精闢的見解，這說明
韓愈「道」的觀念是保守的，但「文」的觀念卻是激進的，敢於破格，
敢於出奇，以至使他作文不合時俗要求，「每自測意中以為好，則人必
以為惡矣。小稱意，人亦小怪之；大稱意，即人必大怪之也。……」
（《與馮宿論文》）韓愈的文章，就其衛道的姿態來說，對後人肯定沒
有多少吸引力，但能傳之後世，「收名也遠」，有賴於他在「文」的方
面「用功深」，字裡行間頗見其藝術功力的深厚，他的後學皇甫湜就
說：「先生之作，無圓無方，至是歸工！」（《韓文公墓誌銘》）

這種語言功夫和新散文風格的創造，韓愈又認為主要不依賴外在
技巧，而重在個人氣質的修養，重在「取於心而注於手」。「道」本是
理念很強的東西，要深入體悟到「處若忘，行若遺，儼乎其若思，茫
乎其若迷」的程度，才能在文章裡表現自如。他將孟子「浩然之氣」
引進「古文」寫作中來，作文要以氣勢為先：

氣，水也；言，浮物也。水大而物之浮者大小畢浮。氣之與言，
猶是也，氣盛則言之短長與聲之高下者皆宜。

亦猶如曹丕所說，「氣之清濁有體」而使語言的音響聲勢效果因人
因文而異。「氣」，實質上貫於人的情性，以氣勢駕馭語言與聲調，也
必然顯現出作家個人的感情色彩。劉勰早已說過：「氣以實志，志以定
言，吐納英華，莫非情性。」（《文心雕龍》〈體性〉）韓愈完全意識到

了這一點，因而又進一層論述人的情感狀態與語言的關係，從而揭示了文學創作中一個重要的規律性現象——「不平則鳴」。在《送孟東野序》中，他寫道：

大凡物不得其平則鳴。草木之無聲，風撓之鳴。水之無聲，風蕩之鳴。其躍也或激之，其趨也或梗之，其沸也或炙之。金石之無聲，或擊之鳴。人之於言也亦然。有不得已者而後言，其歌也有思，其哭也有懷。凡出乎口而為聲者，其皆有弗平者乎！

韓愈這個觀點，實在有點悖於他所遵奉的孔孟之道，有點不那麼「溫柔敦厚」，亦有失於「怨而不怒」之旨，這給以後程、朱指責他為「倒學」提供了口實，但又恰恰揭示了他的文章「非常物」的奧秘。他的文章雖然出「道」入「德」，但感情色彩見之言辭非常濃烈，或許就來自他「未得位」的不平之情，「時有感激怨懟奇怪之辭，以求知於天下」。在《荊潭唱和詩序》中，他乾脆不顧儒家以「中和」為「天下之達道」的審美原則，而說「夫和平之音淡薄，而愁思之聲要妙；歡愉之辭難工，而窮苦之言易好」。對於「愁思之聲」「窮苦之言」他更為歎賞。

我想，韓愈在寫作《原道》時，是頗想以重振儒家之道的權威而成為一個有所作為的政治家，但是「我欲進短策，無由至丹墀」（《歸彭城》詩），「未得位」的命運使他只能成為一個文學家，成為唐代「古文」運動的領袖人物，他雖然大力張揚孔孟道統，但未能建立一個新的思想體系，倒是創造了新的「古文」藝術。皇甫湜對韓愈古文的藝術成就是這樣蓋棺論定的：

……茹古涵今，無有端涯，渾渾灝灝，不可窺校。及其酣放，毫曲快字，凌紙怪發，鯨鏗春麗，驚耀天下。然而栗密窈眇，章妥句適，精能之至，入神出天。嗚呼極矣！後入無以加之矣，姬氏以來，一人而已矣！（《韓文公墓誌銘》）

基本上將韓愈「文以明道」所發明的「古文」之術，及其所產生的審美效應，都概括其中了。

與韓愈同時代的柳宗元，也同樣是「文以明道」的宣導者，但他是以「輔及時物」為道，取道之源較廣（已見論於上編《文與質》第五章），用「道」的目的更側重於革新政治，因此他有時稱「天下之道」又稱「生人之道」。他也不排斥老子，對道、佛乃至神仙方伎，不像韓愈那樣深惡痛絕（可見《柳河東集》第六、七卷那些為和尚寫的「碑」和「銘」）。在柳宗元看來，光談儒道未必就知「道」，在《答呂道州論非〈國語〉書》，便透露了與韓愈有所區別的觀點：「其言本儒術，則迂回茫洋而不知其適；其或切事，則苛峭刻峻而不能從容，卒泥乎大道。」他也把「道」理解為客觀事物與人類社會的自然規律，說：「物者，道之准也。守其物，由其准，而後其道存焉。」（《守道論》）又說：「聖人之道，不以窮異為神，不引天以為高，利於人。備於事，如斯而已矣。」（《時令論》上）由此，他看到了勞動者有些傑出的手藝，就是「備事」「利人」而可致道、通於道，在《種樹郭橐駝傳》裡，他從養樹之術而悟到「養人術」，說郭的種樹之藝，「能順木之天，以致其性焉爾。……其天者全，而其性得矣」。樹的天然之性，就是樹生長之道，循此道而藝，樹就「無不活，且碩茂蚤實以蕃」。在《梓人傳》裡，記載梓人楊潛專職「引規矩繩墨」，自己從不動手斫鋸砍削，只是「畫宮於堵，盈尺而曲盡其制，計其毫釐而構大廈」。柳宗元讚揚「其

術之工大矣」，「彼將舍其手藝，專其心智，而能知體要者歟」。當柳宗元描述這些時，可見他與莊子所闡述的「藝道」觀有所默契。

柳宗元作為與韓愈齊名的古文大家，他的馭文之術大體同於韓愈，雖然他只小韓愈五歲，對韓卻非常推崇，認為韓之文章已超過東漢揚雄，「雄遣言措意，頗短局滯澀，不若退之倡狂恣睢，肆意有所作」（《答韋珩示韓愈相推以文墨事書》）。他非常推崇韓之「詞必己出」的作文主張，讚揚「韓子之辭若壅大川焉」，韓愈所作《毛穎傳》，大概是他「大稱意，人必大怪之」的一篇，柳宗元做永州司馬時，有南來者攜此文，來者云時人「不能舉其辭，而獨大笑以為怪」，柳宗元「索而讀之」，他讀後的感覺是：「若捕龍蛇，搏虎豹，急與之角而力不敢暇。信韓子之怪於文也。世之模擬竄竊，取青媲白，肥皮厚肉，柔筋脆骨，而以為辭者之讀之也，其大笑固宜。」（《讀韓愈所著毛穎傳後題》）可見柳、韓是相通的（韓愈也很推重柳文，曾要韋珩向柳宗元學習）。柳宗元在他那篇著名的《答韋中立論師道書》，集中地表現了他的為文之旨、之術：

> 吾每為文章，未嘗敢以輕心掉之，懼其剽而不留也；未嘗敢以怠心易之，懼其弛而不嚴也；未嘗敢以昏氣出之，懼其昧沒而雜也；未嘗敢以矜氣作之，懼其偃蹇而驕也。抑之欲其奧，揚之欲其明；疏之欲其通，廉之欲其節；激而發之欲其清，固而存之欲其重。此吾所以羽翼夫道也。

因為文章既負「明道」的重任，絕不敢妄為，從內容到形式，從文章結構到語言，都專心致志，兢兢業業而為之，使文章「奧」與「明」、「通」與「節」、「清」與「重」，都相得益彰，既有精深的內蘊

又明白易懂，既有語意的通暢又言辭簡練，既有清新俊逸的韻味又有渾厚凝重的氣象。他還告訴韋中立，這種藝術造詣，是他虛心向古代典籍學習之所得：「本之《書》以求其質，本之《詩》以求其恆，本之《禮》以求其宜，本之《春秋》以求其斷，本之《易》以求其動。此吾所以取道之原也。參之穀梁氏以厲其氣，參之《孟》《荀》以暢其支，參之《莊》《老》以肆其端，參之《國語》以博其趣，參之《離騷》以致其幽，參之《太史》以著其潔。此吾所以旁推交通而以為之文也。」由此可見柳宗元「道」與「文」源流之深廣，使他成為唐代散文領域雙子星座之一。

韓、柳以他們「文以明道」的原則性理論和創作實踐的豐碩成果，給唐以後中國古代散文的發展以深遠的影響，宋代歐陽修、曾鞏、王安石和蘇洵、蘇軾、蘇轍，直接繼承和發展了韓、柳的文學事業，江西三家側重發揮了「道」一面，四川三家側重發展了「文」的一面，合而強化了中國古代散文發展的主流。這中間，還有著矛盾與鬥爭，容後述之。

第五章

造型藝術領域之「道」與「藝」

　　中國古代文化中有一個「道統」，有一個「文統」，卻沒有人特別標舉一個「藝統」，「百工居其肆以成其事」，「君子」是不屑下問的。但有一個領域卻的確存在一個「藝統」，那就是造型藝術的領域。大約是造型藝術與工藝製作關係甚深的緣故，造型藝術的技法關係到創作的成敗，所以造型藝術家（繪畫、雕塑、書法、建築）毫不隱諱學藝的必要和重要性。南朝劉義慶編著的《世說新語》，專設〈巧藝〉一章，十四條記事中，繪畫藝術有九條，建築藝術一條、書法藝術兩條、戲藝與棋藝各一條。將醫術、占卜歸之〈術解〉又以「樂藝」一條置其首。

　　因為古代的造型藝術有著特殊的表現對象，如繪畫，主要是人物與山水，如果說在造型藝術理論中也常常涉及「道」的話，那麼，這「道」主要是指自然界的生機與精神，規律與法則，但又不再是種種抽象的理念，而是直接表現為種種審美的觀念。作為這些審美觀念物質

化實現的手段──藝術，也往往與審美的觀念融為一體。「道」與「藝」合，在造型藝術領域裡，常常有最直接、最生動的感性顯現。

第一節　「以形媚道」，「與神為徒」

《淮南子》首先為「道」轉化為「神」與「自然之勢」的審美觀念，在理論上開闢了一條幽徑。魏晉至南朝的一些畫家和書法家拾徑而前，遂有顧愷之論人物「傳神」，宗炳說山水「自然之勢」。在歷代繪畫界，人們將這兩個審美概念視為創作的金科玉律，也可以說它是繪畫之「道」，宗炳的《畫山水序》開頭就說：

> 聖人含道應物，賢者澄懷味象。至於山水，質有而趨靈，是以軒轅、堯、孔、廣成、大隗、許由、孤竹之流，必有崆峒、具茨、藐姑、箕首、大蒙之遊焉。又稱仁智之樂焉。夫聖人以神法道而賢者通，山水以形媚道而仁者樂，不亦幾乎？

這裡，顯然是將繪畫之道往孔子「仁者樂山，知者樂水」（《論語》〈雍也〉）的話上掛，宗炳之意圖在於提高繪畫之道的地位。他極力推崇繪畫藝術，而把「畫象布色，構茲雲嶺」，看作一種悟道的方式。所謂「理絕於中古之上者，可意求於千載之下；旨微於言象之外者，可心取於書策之內」，這「理」，這「旨」，在「身所盤桓，目所綢繆」的大自然界裡，不是更能直接、生動地感受到嗎？宗炳認為，畫山水要把握山水自然之勢，不要拘泥於一山、一石微觀的真實；就像畫家與審美物件之間相距不過咫尺，連整體形象都看不出。他主張審美主體對客體進行審美把握，必須虛構一個寥廓的空間，使之足以將一座大

山盡收眼底。這是一種宏觀的把握,「是以觀畫圖者,徒患類之不巧,不以制小而累其似,此自然之勢。如是,則嵩、華之秀,玄牝之靈,皆可得之於一圖矣!」一幅山水畫給人以整體的美感,那就是要畫出山水的精神,一山一水的精神有其特殊性,這精神表現得「質有而趨靈」,那就具有了普遍的意義,將大自然的靈、秀之氣都凝聚於一圖了,這就是「自然之勢」,是「自然之道」審美的感性顯現。繪畫藝術的確不是純粹的技巧問題,與宗炳同時代的青年畫家王微《敘畫》中也說:「圖畫非止藝行,成當與《易》象同體。……夫言繪畫者,竟求容勢而已。」這種「容勢」,就是「橫變縱化,而動生焉,前矩後方,而靈出焉」,一幅優秀的山水畫,「綠林揚風,白水激澗」,充滿了大自然的靈趣,成為生機、生命的象徵,畫的內在意蘊也就可以昇華到《易》像那樣的哲學高度。

「神」與「自然之勢」,不僅是繪畫之「道」,也是書法藝術之「道」。東晉著名書法家衛夫人認為寫字也要「通靈感物」,才能進入書法的自由境界[1]。後來,南齊的書法家王僧虔把「神」的觀念也引入書法理論,說「書之妙道,神彩為上,形質次之」。同時,也把莊子描述庖丁解牛那種「官知止而神欲行」的出神入化的技巧狀態用之於書法,下筆之時「必使心忘於筆,手忘於書,心手遺情,書筆相忘」[2],進入了這種境界,也就通了書道。唐初的書法家虞世南,進一步體悟到了書法家的主體之神能達於筆之鋒毫之間,那就是書法的「至道」:

1　衛夫人《筆陣圖》,《王氏書畫苑·法書要錄》卷一。轉引自北京大學哲學系美學教研室編:《中國美學史資料選編》上冊,中華書局1981年版,第160頁。

2　《書法鉤玄》卷一《王僧虔筆意贊》,轉引自《中國美學史資料選編》上冊,第188頁。

　　字雖有質，跡本無為，稟陰陽而動靜，體萬物以成形，達性通
變，其常不主。故知書道玄妙，必資神遇，不可以力求也；機巧必須
心悟，不可以目取也。……字有態度，心之輔也。心悟非心，合於妙
也。且如鑄銅為鏡，明非匠者之明；假筆轉心，妙非毫端之妙，必在
澄心運思，至微至妙之間，神應思徹。又同鼓瑟綸音，妙響隨意而
生，握管使鋒，逸態逐毫而應。學者心悟於至道，則書契於無為。
（《佩文齋書畫譜》卷五《唐虞世南筆髓論》）

　　這個「至道」，簡言之就是書法家主體之神的自由發揮，畫家講
「澄懷味象」，書法家講「澄心運思」，文學家講「陶鈞文思，貴在虛
靜」，各家「悟道」之徑都是相通的。

　　這樣說來，在造型藝術領域內，硬要把儒家的治人之道拉進來，
是不太可能的。晚唐的畫論家張彥遠在他的《歷代名畫記》中，為了
提高繪畫藝術和畫家的地位，把繪畫追溯到與河圖、八卦同源，說古
人對於自然造化之秘，「無以傳其意，故有書；無以見其形，故有
畫」，固然不錯，也由此確定了造型藝術的性質和作用。但說「夫畫
者，助人倫，成教化，窮神變，測幽微，與六籍同功」，乃至說由於繪
畫「既就彰施，仍深比象，於是禮樂大闡，教化由興」，則將繪畫在政
治方面的功用過於誇大了。繪畫由於它特殊表現手段，即必須以「見
其形」而作用於人的感官，所以它有趨向審美的必然性，它的線條色
彩的出現，就給人一種先入為主的美感或醜感，這種直觀性特點，使
畫家只能「發於天然，非由述作」，傳達抽象理念它無能為力，表現物
件的「神」與「勢」卻是必然。如果說，中國古代的繪畫理論奠基於
魏晉的話，那它所「原」之道，只能說是自然之道，《周易》的「知幾」
「法象」、《莊子》《淮南子》的創造法則，都被它吸收和融合。

　　在造型藝術領域內，是毫不忌諱地講藝術技巧的，顧愷之的「傳神」之術已經是很具體的了：點睛傳神；「手揖眼視」有所「實對」而傳神；「作人形骨成而制衣服幔之」而助表現人酒後之「神醉」（《歷代名畫記》卷五）。《世說新語》〈巧藝〉中有如下記載：

　　顧長康畫裴叔則，頰上益三毛。人問其故。顧曰：裴楷俊朗有識具，正此是其識具。看畫者尋之，定覺益三毛如有神明，殊勝未安時。

　　這是抓住表現物件外形特點而傳神，「益三毛」而增其「神似」。當他畫謝幼輿時，卻把謝「置丘壑中」，因為謝自己說過「一丘一壑，自謂過之」。愛丘壑而借丘壑傳謝之神，也正是顧愷之獨具藝術家的慧眼；善於在人與自然感情交流中而表現出人的精神面貌，亦是「眼視手揖」有其「實對」之一法，開中國古代繪畫中山水與人物畫結合之先河，是心物交融、情景交融在繪畫藝術中的體現。

　　在繪畫領域內著眼於「藝」，並首先在理論上加以系統地總結的，是南齊的畫家、畫論家謝赫，他著有《古畫品錄》，在序言中提出「六法」的概念：

　　夫畫品者，蓋眾畫之優劣也。圖繪者，莫不明勸戒，著升沉，千載寂寥，披圖可鑒。雖畫有六法，罕能盡該，而自古及今，各善一節。六法者何？一、氣韻生動是也；二、骨法用筆是也；三、應物象形是也；四、隨類賦彩是也；五、經營位置是也；六、傳移模寫是也。

　　「六法」是列繪畫作品六種「法相」，已於前論，「六法」也將繪畫藝術一些重要技巧法則都囊括於內，它們是一個互相聯繫的整體，

「氣韻生動」是《淮南子》「神制形從」在繪畫中的應用和發揮，是對作品總的要求，是畫家最高的審美追求與繪畫藝術的最高審美境界，其他五項都可視為實現「氣韻生動」的必要條件。在對畫家進行品評時，我們可以看見謝赫雖不以「六法」皆備求全於每一位前輩畫家，但他主要的審美要求，還是「神」與「自然之勢」的最佳表現，他評「六法備該」的衛協和陸探微二人的作品：陸是「窮理盡性，事絕言象」，衛是「雖不說備形妙，頗得壯氣」。至於「六法」各有所長的其他畫家，如晉明帝之畫，「雖略於形色，頗得神氣」。而劉頊的畫，他認為由於「用意綿密」，畫得過於纖細，顯得「筆跡困弱，形制單省」。用筆過於纖細，「翻更失真」，他對大名鼎鼎的顧愷之的畫也微有貶詞，說他雖然「格體精微，筆無妄下」，但是「跡不逮意，聲過其實」。為什麼傳神之術的創始者會得到如此的評價呢？原來，謝赫的「氣韻生動」不只是表現審美物件本體之「神氣」，而且還須有「象外」之情趣，畫家用筆賦彩中也須有一種超脫具象的靈氣。在品張墨、荀勗二人的畫時，他提出了一個對畫、以至對後來的詩歌創作都有深遠影響的「象外」論：

　　風範氣韻，極妙參神，但取精靈，遺其骨法。若拘以體物，則未見精粹；若取之象外，方厭膏腴，可謂微妙也。

　　謝赫此論，大大豐富了「神」與「自然之勢」的內涵。所謂「風範」，實即「風骨」之「範」。謝赫在「第一品」中評曹不興畫龍時說「觀其風骨，名豈虛成」，又可引申為「風彩」；「第二品」中評陸綏「體韻遒舉，風彩飄然」，還可解釋為「風趣」；「第三品」評戴逵「情韻連綿，風趣巧拔」，等等。這裡，謝赫顯然是要求畫家從審美物件的精神

氣質方面去把握形，表現形，形神兼備；不是從外而內，而是由內而外，即所謂「但取精靈」。而「遺其骨法」之「遺」，是指「骨法用筆」之跡要消失於「極妙參神」的審美魅力之中，後來詩家演化為「但見情性，不睹文字」之說，因此，所謂「遺」，實通審美鑒賞中「忘形得意」之「忘」（歐陽修云：「忘形得意知者寡，不若見詩如見畫」）。有「骨法」而「遺其骨法」，是創作技巧高度的自由發揮到「無技巧」境界；有「形」而使人「忘形」，是審美對象之「神」、之「勢」，使觀者「遷想妙得而不能已」所生發的藝術魅力所致。「纖細過度，翻更失真」，謝赫已為元、明、清寫意畫大興奠定了理論基礎。

　　由「象形」而「象外」，由講究「骨法用筆」而「遺其骨法」，這是「藝」從低級向高級不斷地飛躍：由「藝」達「道」，因「藝」得「道」，以「藝」傳「道」，「藝」昇華為「道」，最後達到「藝」與「道」合，「藝」化入「道」，「道」融於「藝」，即「藝」即「道」的境界，這就是造型藝術領域內「藝」「道」關係的辯證觀。中唐的符載，在《觀張員外畫松石序》一文中，從審美鑒賞角度，對於繪畫領域「藝」與「道」的關係，作了合乎繪畫之道的判斷：

　　觀夫張公之藝，非畫也，真道也。當其有事，已知遺去機巧，意冥玄化，而物在靈府，不在耳目。故得于心，應於手，孤姿絕狀，觸毫而出，氣交沖漠，與神為徒。若忖短長於隘度，算妍蚩於陋目，凝觚舐墨，依違良久，乃繪物之贅疣也，寧置於齒牙間哉！[3]

　　張員外之松石不知其畫藝若何，古人作序往往多溢美之詞，但符

3　轉引自《中國美學史資料選編》上冊，第289頁。

載這段話從理論角度看是頗有價值的,「物在靈府,不在耳目」,為以後造型藝術理論在「道」「藝」關係方面更為深刻生動的表述舉綱張目。

第二節　「游於物之內」之技與「游於物之外」之藝

謝赫總結繪畫「六法」時說過:「跡有巧拙,藝無古今。」他自己作的畫,達不到自己確立的審美標準,這在與他相距年代不遠的姚最所著《續畫品並序》中就有議論,但是他的「六法」論的理論價值卻確實可以溝通古今的。盛唐以後,「六法」理論開始昇華,抽象為「神」「妙」「能」「逸」四格。「格」,與詩論中之「格」有相通之處,「意是格,聲是律,意高則格高」(《文鏡秘府論》引王昌齡論詩語),已具「境界」「意境」之義。繪畫中由「法」而「格」,體現了藝術創造中「跡有巧拙」而達到不同層次的藝術境界,由此,「格」便成為藝術家所追求的審美境界,鑒賞者也以此為核對總和評價藝術家「道」「藝」修養水準的標准。宋初畫論家黃休複在《益州名畫錄》中將「四格」重新排列,將「逸格」提到首位:

畫之「逸格」,最難其儔。拙規矩於方圓,鄙精研於彩繪,筆簡形具,得之自然,莫可楷模,出於意表。……

大凡畫藝,應物象形,其天機迥高,思與神合。創意立體,妙合化權,非謂開廚已走,拔壁而飛,故目之曰「神格」爾。

畫之於人,各有本性,筆精墨妙,不知所然,若投刃於解牛,類運斤於斫鼻。自心付手,曲盡玄微,故目之曰「妙格」爾。

畫有性周動植,學侔天功,乃至結嶽融川,潛鱗翔羽,形象生動者,故目之曰「能格」爾。

在這個序列中，自「能」而「逸」：藝術技巧由顯而隱，藝術境界由低而高，由形象再現而藝術表現，「逸」「神」兩格，已進入了「遺去機巧，意冥玄化」的合於「道」的最高的自由境界。

這種最高境界如何？「道」與「藝」如何融合而一？其美感形態，在具有直觀審美意義的造型藝術最先呈現出來；理論的表述，也多在造型藝術理論領域。北宋對此大有貢獻的是蘇軾，他是一位多才多藝的作家、詩人、畫家、書法家，同時也是一位具有極高水準的鑑賞家；有宋一代，才華最高，藝術創造經驗最豐富，藝術的閱歷最深最廣的，就是他。他對於「道」「藝」的融合，在理論上有很多精闢的見解，在實踐中也不乏深切的體會。

在進入蘇東坡的造型藝術領域之前，讓我介紹一篇他關於「道」與「技」的頗有哲理意味的《眾妙堂記》。這篇文章是他謫居海南時，「廣州道士崇道大師何德順作堂，榜日眾妙，以書來海南求文以記之」，蘇軾便將他在海南做的一個還鄉之夢記下來「以示之」。他夢見的是：夢魂飛至他兒時讀書的天慶觀北極院，看見他的老師眉山道士張易簡「如平昔，訊治庭宇，若有所待者」；聽見其徒在吟誦《老子》「玄之又玄，眾妙之門」之句。蘇軾說：「妙一而已，容有眾乎？」張道士回答說：「一已陋矣，何妙之有？若審妙也，雖眾可也。」於是順手指向在庭院中灑水薙草的兩個道徒說：「是各一妙也！」蘇軾看到：

　　二人者，手若風雨而步中規矩，蓋煥然霧除，霍然雲消。子驚歎曰：「妙蓋至此乎？庖丁之理解，郢人之鼻斫，信矣！」二人者，釋用而上，曰：「子未睹真妙，庖郢非其人也，是技與道相半，習與空相會，非無挾而徑造者也。子亦見乎蜩與雞乎？夫蜩登木而號，不知止也；夫雞俯而啄，不知仰也，其固也如此。然至其蛻與伏也，則無視

無聽，無饑無渴，默化於荒忽之中，候伺於毫髮之間，雖聖知不及也，是豈技與習之助乎？[4]

薙草道士的話似乎說得很玄，其實是在發揮莊子關於「無搖汝精，神將守形」和「官知止而神欲行」的觀點。「空」—「道」「習」—「技」，靜者得「道」（其《參寥師》詩云：「靜故了群動，空故納萬境」），動者得「技」，動靜相隨，則「道」與「技」俱。但是蘇軾所嚮往的還是「道」的「眾妙」境界，一技之妙無以至此，唯有從「一技」中徹底超脫出來反有「眾妙」。不過蘇軾似乎又在暗示這樣一個哲理邏輯：由有為而無為，由無為而無不為。他舉蜩與雞由大動而大靜，此意是否蘊含其中？我們從他另外一些言論中，似乎可以證實這一點，在《書李百時〈山莊圖〉後》，說看了龍眠居士此畫，「使後來入山者，信足而行，自得道路，如見所夢，如悟前世，見山中泉石草木，不問而知其名，遇山中漁樵隱逸，不名而識其人」。畫家畫得如此逼真，完全合於自然之境，是畫家強記親身所歷的山間景物而後作此畫嗎？不是！畫日者常常以為太陽就是一個圓餅，不是他忘記了那是太陽；醉酒者不會忘記自己的嘴巴而用鼻子飲酒；做夢時捉住什麼東西，不會忘記有手而用腳去捉。真實中有幻覺，幻覺中有真實，這都是「天機之所合，不強而自記也」！他接著說：

居士之在山也，不留於一物，故其神與萬物交，其智與百工通。雖然，有道有藝。有道而不藝，則物雖形於心，不形於手。吾嘗見居士作華嚴相，皆以意造而與佛合。佛，菩薩言之，居士畫之，若出一

4　本節所引蘇軾文均據商務印書館《萬有文庫》本《蘇東坡集》。

人，況自畫其所見者乎？

　　蘇軾在此提出了「意造」的概念，其義甚明，但他也沒有忽視「藝」的重要性（請注意，此處他沒有用「技」這個詞）。他將畫家之藝與百工之技並提比附，百工是手造，畫家是意造；手造須有技術，意造更須有藝能，「物形於心」然後「形於手」，這就是藝之所為了。因此，「君子之於學」也就猶如百工之學技術，在進入藝術領域之前，必須經過「學」這一「有為」的階段，對此，他在《文與可畫篔簹穀偃竹記》一文中講得更明白：文與可畫竹，平時仔細觀察竹之生態，於是「先得成竹於胸中」，欲畫之時，「執筆熟視，乃見其所欲畫者，急起從之，振筆直遂，以追其所見，如兔起鶻落，少縱則逝矣」。與可畫竹，表現出一種很高的技巧，眼中所見，心中所想，都能形之於筆，「其身與竹化，無窮出清新」（《書晁補之所藏與可畫竹三首》）。文與可曾以此教蘇軾，蘇軾說，我不能畫，但心中知道其中的畫理，為什麼呢？——

　　夫既心識其所以然而不能然者，內外不一，心手不相應，不學之過也。故凡有見於中而操之不熟者，平居自視了然，而臨事忽焉喪之，豈獨竹乎？

　　從「有為」方可至「無為」而「無不為」，但「有為」與「無為」就是「不留於一物」，蘇軾在《寶繪堂記》一文中兩句話可深達此理：「君子可以寓意於物，而不可以留意於物」，「寓意」當是有為，表現主體意識的投射和精神的趨向。但又不可使它為物所滯留，滯留就會導致「失其本心」，這就要「無為」了，精神有所趨向又不失其自由，「有

為」與「無為」也就不矛盾了。「動」時所得之技便可「靜」而致道。論及「有為」與「無為」的關係，蘇軾也注意到了「忘」這一心理機制的效應，且用了通俗的比喻來說明它，見於《虔州崇慶禪院新經藏記》一文：

> 嬰兒生而導之言，稍長而教之書，口必至於忘聲而後能言，手必至於忘筆而後能書，此吾之所知也。口不能忘聲，則語言難於屬文；手不能忘筆，則字書難於刻雕；及其相忘之至，則形容心術酬酢萬物之變，忽然而不自知也。自不能者而觀之，其神智妙達不既超然與如來同乎？故《金剛經》曰：「一切賢聖皆以無為法而有差別。」以是為技，則技疑神；以是為道，則道疑聖。古之人與人皆學，而獨至於是，其必有道矣。

「忘」而後能用，似乎是一個很簡單的道理，在日常生活中我們可以經常遇到，如來佛、舍利佛得道後曾說「以無所得故而得」。東坡認為，豈止是大菩薩如此，「百工賤技」皆是如此，不能「忘」，便不能得，能有所忘便有所得，這並不是很神秘的事，能有所忘，方可進入使人疑其有神的境界。如果說，《莊子》悟到「靈台一而不桎」可發揮「疑神」之技，那麼蘇東坡又悟到：精神放鬆而至「蕭散簡遠」，是創作自由發揮的另一途徑，這就是「形容心術酬酢萬物之變」，就是「自樂於一時，聊寓其心」，就是「及其與山石曲折，隨物賦形而不可知也」（《文說》）。因此，蘇軾說自己作文之多，「而未嘗敢有作文之意」。同樣是有「忘」這一心理特徵。蘇軾另闢一途意義何在呢？這裡，我們又有必要區別一下「技」與「藝」。

在下編第三章第一節裡說到，「技」主要發生於物質勞動的領域，

「技」與「藝」之義雖然相通，但當出現了與物質勞動並存的精神勞動時，「技」或「藝」的行為也就越來越受到人的精神支配，不再是種種單純的技術性勞動，於是「技」與「藝」便有了不同層次的意義。莊子所述「疑神」之技，都表現於種種物質勞動，需要人的精神高度集中才能將手中之技充分發揮運用，所以《眾妙堂記》裡那個道士説庖丁與郢人是「技與道相半」。精神領域內的勞動，物質物件已經虛化，精神趨向的歸宿是在物件上的實現，而不僅僅及於自己的身手。至於對象的審美處理，主要不是手造而是「意造」「心造」，所以這種創造就主要憑無形的「智術」「心術」而不是有形的技術了。蘇軾屢次談到「智與百工通」，但又將「君子之學」與「百工之技」分開來說，可見他也早就注意到這種精神勞動與物質勞動的區別。同樣是畫：「觀士人畫如閱天下馬，取其意氣所到；若乃畫工，往往只取鞭策皮毛，槽櫪芻秣，無一點俊發，看數尺許便倦。」（《又跋漢傑畫山》）這就是畫家之藝與畫工之技的區別。勞動強度雖然相等，精神的落點不一樣：前者「游於物之外」，後者「游於物之內」（《超然台記》中語），前者有畫家之神氣而無匠氣，後者有畫工匠氣而無神氣。再引《書蒲永升畫後》延伸論之：

　　古今畫水多作平遠細皺，其善者不過能為波頭起伏，使人至以手捫之，謂有窪隆，以為至妙矣，然其品格，特與印版水紙爭工拙於毫厘間耳！唐廣明中，處士孫位始出新意，畫奔湍巨浪，與山石曲折，隨物賦形，盡水之變，號稱「神逸」。

　　前者是「技」對「神」的再現，後者是「神」對「法度」的超越。聯繫黃休復畫有「逸」「神」「妙」「能」四格之分，前者是「自心付手，

曲盡玄微」，後來是「莫可楷模，得之意表」或「創意立體，妙合化
權」。黃休復將庖丁解牛、郢人運斤等神化之技僅列入「妙格」，可見
他對於此理，已悟於蘇軾之前。據陳幼石先生對蘇軾文學理論中「變」
與「常」的研究，指出蘇軾是到黃州之後才悟達到「意——法——工」
三段「藝道」論，而在一〇八〇年（元豐三年）左右，「蘇軾的藝術觀
點已經成熟」，他開始著重於「工」中的「天」的成分，而輕「工」中
的人的成分，同時也著重以「意」馭「工」。[5]錢鍾書先生曾經說過：「在
蘇軾的藝術思想中，有一種從以藝術作品為中心，轉變為以探討藝術
家氣質為中心的傾向。」[6]這話的確講得很深切。我以為，蘇軾藝術思
想這一轉變，對於謝赫所說「遺其骨法」、符載所說「遺去機巧」乃至
在此以前關於藝術創造中「忘」的心理機制理論，有了更為全面更為
完整的認識，「有為」而「無為」，而「無不為」，這是符合藝術創造規
律——從物質到精神的飛躍，是由「工」而「法」而「意」的飛躍，
換一角度說，是「凝神」之「技」向「神逸於「技」的飛躍，「游於物
之內」之「技」向「游於物之外」之「藝」的飛躍。蘇軾讚揚吳道子
「畫人物，如以燈取影，逆來順往，旁見側出，橫斜平直，各相乘除，
得自然之數，不差毫末。……所為遊刃餘地運斤成風」（《書吳道子畫
後》）。讚揚「鍾、王之跡蕭散簡遠，妙在筆畫之外」（《書黃子思詩集
後》），讚揚「燕公之筆渾然天成，粲然日新，已離畫工之度數，而得
詩人之清麗」等等，標誌著在造型藝術領域，物質性技術正在繼續向
精神性藝術實現關鍵性的轉變。

5　參見陳幼石：《韓柳歐蘇古文論》，上海文藝出版社1983年版，第108頁。

6　轉引自《韓柳歐蘇古文論》，上海文藝出版社1983年版，第111頁。

第三節　「畫之理，筆之法」

造型藝術所遵循之道，自魏晉以來一以貫之者是「自然之道」，即使某些畫論中提到「正人倫，明教化」的儒家之道，也不過是一種理論的姿態，一種幌子，因此繪畫理論的發展比起文學理論來更為搖曳多姿，尤其是從宋朝開始，山水畫興旺起來並走向成熟，自宋而元而明清，「山水林石、花竹禽鳥」，實已成為中國繪畫之主流，自此以後的繪畫理論，也幾乎絕大部分是山水畫理論，這是宗炳寫了《畫山水序》後歷數百年而形成的蔚然大觀。宋、元特別是明清山水畫理論及其創作實踐，已經實現完全的藝術自覺。我們細讀那些畫論，追蹤「藝」與「道」的觀念發展和演變，便會發現：「理」與「法」的觀念更為豁目。由「道」而「理」，因「藝」言「法」，說明繪畫的專業性特別更為加強和突出了。

關於畫之理，其實宗炳早就提過，他從觀察山川「自然之勢」到表現於筆下的整個過程而言：「夫以應目會心為理者，類之成巧，則目亦同應，心亦俱會。應會感神，神超理得，雖複虛求幽巖，何以加焉？又神本忘端，棲形感類，理入影跡，誠能妙寫，亦誠盡矣。」（《畫山水序》）這就是說，畫家「應目會心」即可得山水之「理」，「應目」可得其「形」，會心可得其「神」，「神」超於「形」而後有「理」之得；創作過程中，又寓「神」於「形」，形神兼備而「理」又在其中。謝赫在評陸探微之畫時也談到「窮理盡性，事絕言象」（《古畫品錄》），就是指透徹地觀察、研究、把握所要表現的物件內在的本質、規律之後，才能進入創作。蘇軾在《淨因院畫記》中，又提出畫有「常理」之說：

余嘗論畫，以為人禽、宮室、器用皆有常形，至於山石、竹木、水波、煙雲，雖無常形而有常理。常形之失，人皆知之；常理之不當，雖曉畫者有不知。……以其形之無常，是以其理不可不謹也。……與可之於竹石、枯木，真可謂得其理者矣。如是而生，如是而死，如是而攣拳瘠蹙，如是而條達遂茂。根莖節葉，牙角脈縷，千變萬化，未始相襲，而各當其處，合於天造，厭於人意，蓋達士之所寓也歟！

　　他特別強調了畫「無常形」的山水不能失山水之「常理」，這個常理就是天機造化，大自然之生機、生命力，若失此，水為「死水」，山石竹木空有軀殼而已。

　　自宋以後，探討山水畫之理與法者，明、清兩代的畫家畫論最為詳備，明代王履的一篇《華山圖序》，對「理」與「法」都提出了新鮮的見解，那就是「理」在自然，「法」亦在自然，「法」「理」同源。王履先識「華山之形」，畫了一張草圖，但「意猶未滿」，由是「存乎靜室，存乎行路，存乎床枕，存乎飲食，存乎外物，存乎聽音，存乎應接之隙，存乎文章之中」，為什麼呢？華山之理尚未悟到，運用何種畫法也在遊移不定，而在一個非常偶然的時刻，「聞鼓吹過門，恍然而作曰：『得之矣夫！』遂麾舊而重圖之」：

　　斯時也，但知法在華山，竟不知平日之所謂家數者何在。夫家數因人而立名，既因於人，吾獨非人乎？夫憲章乎既往之跡者謂之宗，宗也者從也，其一於從而止乎？可從，從，從也；可違，違，亦從也。違果為從乎？時當違，理可違，吾斯違矣。吾雖違，理其違哉？時當從，理可從，吾斯從矣。從其在我乎？亦理是從而已焉耳。

在這次創作實踐中，王履悟到，平日所學的那些畫理與畫法（「家數」），都不可能搬用，他只能面對華山這一具體的審美物件而凝神運思，畫華山有畫華山之理，華山之法，而這理與法只能向華山探求，「法在華山」，而不在其他山水之間，已往的理、法可從或不可從，完全在於我自己，可用於華山創作實踐者從，不合乎華山創作實踐者，束縛我之思想筆墨者，違之亦無不可。王履勇敢地舉起了突破傳統理法的旗幟，他又說：

謂吾有宗歟？不拘拘於專門之固守；謂吾無宗歟？又不遠於前人之軌轍。然則余也，其蓋處夫宗與不宗之間乎？且夫山之為山也，不一其狀，……彼既出於變之變，吾可以常之常者待之哉？吾故不得不去故而就新也。

山水自然之物，其狀千差萬別，在各種節令、各種氣候的影響下又是千變萬化，豈能以固有之成法、成理去框定呢？王履將自己畫華山時獲得的新認識概括成一句話：

吾師心，心師目，目師華山。

這與唐代畫家張璪那句「外師造化，中得心源」的名言是一致的，在繪畫界亦可謂是「叛道」之論。

王履的去故創新的理論，對明清山水畫的發展產生了深遠影響，董其昌、石濤、朱耷、鄭板橋等畫家，都在不同程度上突破了傳統的「理」與「法」而各自立異標新。關於傳統之「六法」，董其昌就說過：「氣韻不可學，此生而知之。……然亦有學得處：讀萬卷書，行萬里

路，胸中脫去塵濁，自然立堊內營，立成鄄鄂，隨手寫出，皆為山水傳神矣。」（《畫訣》）石濤則對「畫之理，筆之法」有著全面而深刻的探討與論述，傳世的《苦瓜和尚畫語錄》，洋洋十八章，是清代有系統、有一定理論深度的畫論。現在，我只介紹一下他關於「理」與「法」那些原則性的論述。

一、「理」與「法」，天地之質飾

石濤認為：「規矩者，方圓之極則也；天地者，規矩之運行也。世知有規矩，而不知夫乾旋坤轉之義。」[7]一語點破人不能死守規矩，天地間萬事萬物是不斷運動著的，而這恰恰是天地間最大的活的規矩，如果只守「方圓之極則」，而不知「規矩之運行」，那麼雖有「先天後天之法，終不得其理之所存」（〈了法章〉）。因此，石濤所謂畫理，就是乾坤運行變化之理，〈山川章〉對此進一步論證：

> 得乾坤之理者，山川之質也。得筆墨之法者，山川之飾也。知其飾而非理，其理危矣。知其質而非法，其法微矣。是故古人知其微危，必獲於一。一有不明，則萬物障。一無不明則萬物齊。畫之理，筆之法，不過天地之質與飾也。

石濤認為，欲以「一畫收盡鴻濛之外」的畫家，知「理」與知「法」是一致的。接著他對山川所得「乾坤之理」作了生動的表述：

> 山川，天地之形勢也。風雨晦明，山川之氣象也。疏密深遠，山

7　本節引《苦瓜和尚畫語錄》之文，均據沈子丞編：《歷代論畫名著彙編》，文物出版社1982年版。

川之約徑也。縱橫吞吐，山川之節奏也。陰陽濃淡，山川之凝神也。水雲聚散，山川之聯屬也。蹲跳向背，山川之行藏也。……非天地之權衡，不能變化山川之不測。

　　這裡講的是山川之物理，石濤終究是一位封建時代的畫家，他的理性觀念與思維定勢尚未越出封建社會倫理道德的圈子。在〈資任章〉裡，他將上述山川形勢進一步理念化，說山川之所以有這種種姿態，都是「受天之任」，以體現天地間「仁」「禮」「和」「謹」「智」等理念。山有是任，水亦非無為而無任：「夫水，汪洋廣澤也以德，卑下循禮也以義，潮汐不息也以道，決行激躍也以勇，瀠洄平一也以法，盈遠通達也以察，沁泓鮮潔也以善，折旋朝東也以志。」這些乾坤之「理」借山川之形顯現出來，於是就有畫家之受任。不過，我們又從石濤這些近於程式化的論述裡，又可以窺探到他作為傑出藝術家的一種悟性，不管他的理性觀念如何，但在他的審美意識裡，他正努力地將自然人化。他心目中的自然是人化的自然，是人性、人情的山川，所謂得「乾坤之理」實是天之神理與人之情理的融合，「以畫寫形，理在畫中；以形寫畫，情在形外」（《石濤題畫》），這就是天地之理，山川之形，畫家之情，筆墨之法，合而「我有是一畫」。

二、無法而法，有法必化

　　石濤關於畫理的觀念有點道、儒合一的味道，關於「法」的觀念則主要受道家和禪宗思想啟迪，顯得更開放一些，較之王履「宗與不宗之間」，他乾脆地提出一個「無法」的觀念：「無法則於世無限焉」，這是來自《老子》的思想。〈一畫章〉說：

　　太古無法，太樸不散，太樸一散而法立矣。法於何立？立於一

畫。一畫者，眾有之本，萬象之根，見用於神，藏用於人，而世人不知，所以一畫之法，乃自我立。立一畫之法者，蓋以無法生有法，以有法貫眾法也。

他沒有否定「法」，但認為「有法」生於「無法」，而「無法」本身就是一種法，「乃為至法」，這正如我們在很多禪寺（如昆明筇竹寺）都可見到的一副對聯：

天下事了猶未了無妨以不了了之，
世外人法無定法然後知非法法也。

石濤還說，「凡事有經必有權，有法必有化。一知其經，即變其權；一知其法，即功於化」。所謂「化」，就是化「天下變通之大法」為我法。石濤所謂「無法」，其實質就是「我自用我法」。有古法、成法就無「我法」，有「我法」就無古法。「我之為我，自有我在。古之鬚眉，不能生在我之面目；古之肺腑，不能安入我之腹腸。我自發我之肺腑，揭我之鬚眉。縱有時觸著某家，是某家就我也，非我故為某家也。」（〈變化章〉）因此，石濤強烈反對以古法壓今人，「不容今人出古法」，他的「無法」最重要的法則就是：

法無定相，氣概成章。

「氣概」為我之氣概。他回顧自己五十年前的繪畫尚未「脫胎於山川」，僅僅能寫山川之形神，一般畫家都可做到這一步，「我法」尚未融入也。五十年後，我已不拘於古法，我已脫胎於山川，於是，「搜盡

奇峰打草稿也，山川與予神遇而跡化也，所以終歸之於大滌也」（〈山川章〉）。石濤用自己之法，終於畫出石濤風格的不朽作品。

　　八大山人朱耷對石濤「無法」——「我法」的見解是神會心領的，他在《題石濤疏竹幽蘭圖》的小序中說：「禪與畫皆分南北，而石尊者畫蘭自成一家耳。」詩中又寫道：「南北宗開無法說，畫圖一向撥雲煙。」[8]他在另一首詩中又讚揚石濤「我自用我法」的氣概：「禪分南北宗，畫者東西影；說禪我弗解，學畫那得省。至哉石尊者，筆力一以騁。」朱耷對當時畫壇以唐宋以來南宗畫或北宗畫之「法」來規範畫家的創作十分反感，他的畫既不似南宗的「虛和蕭散」「出韻幽淡」，也不似北宗的「風骨奇峭，揮掃燥硬」，而是強烈地表現自己個性中「哭之笑之」的矛盾心理，出之以「白眼」向人、孤高傲世的奇特意象而驚世駭俗，有一首題畫詩寫道：

　　法法不宗而成，筆墨名家奚敢，
　　譬彼操莽者流，自是讓國一本。

　　自成一家，必用自家之法，不必附前人或名家之驥尾。

　　清代著名畫家鄭板橋，也是「我今不肯從人法」的鼓吹者與實踐者，他強調繪畫要敢「出於格外」，要追求「趣在法外」，尤其勇敢的是大發「無古無今」之論。在一《題畫》短文中說：

　　掀天揭地之文，震電驚雷之字，呵神罵鬼之談，無古無今之畫，原不在尋常眼孔中也。未畫以前，不立一格，既畫以後，不留一格。

8　此處所引朱耷之詩，轉引自汪子豆編：《八大山人詩鈔》，江西人民出版社1986年版。

有一詩亦云：

敢云我畫竟無師，亦有開蒙上學時。畫到天機流露處，無今無古寸心知。

「無古無今」，鄭板橋甚至也不拘泥於「我法」，「我法」也須不斷變，由「生」而「熟」，由成法之「熟」而後又有新法之「生」，「畫到生時是熟時」。不斷地對自己的審美物件產生「陌生」感，不斷地有新的審美感受和發現，不斷向審美的自由王國邁進。他說：「文與可畫竹胸有成竹，鄭板橋畫竹胸無成竹。濃淡疏密，短長肥瘦，隨手寫去，自爾成局，其神理具足也。」（《題畫》）他在另一篇《題畫》文裡，展示他在畫竹的過程中有三種竹。「眼中之竹」：「江館清秋，晨起看竹，煙光、日影、露氣，皆浮動於疏枝密葉之間」；「胸中之竹」：「胸中勃勃，遂有畫意」。他聲明，「其實胸中之竹，並不是眼中之竹也」，這時，磨墨展紙，瞬刻之間，「落筆倏作變相，手中之竹又不是胸中之竹也」。可見，鄭板橋即使是「我自用我法」時，也不「拘泥成局」，他不但寫竹共有的「神態」（竹之共性），還要寫出大小高低老嫩各種竹子的生態（竹之個性）。

山水畫論中有關「理」「法」之論，是造型藝術領域內「道」與「藝」的觀念更趨向於創作實踐的發展，尤其是「法」，由「遺其骨法」到「無法而法」，即「我用我法」，乃至「法」「理」「獲於一」，「藝」，徹底完成了向藝術家精神領域的轉化。中國古代，畫與詩先後進入了審美的自由王國，其標誌便是優秀的畫家與詩人對於人的本質力量物件化實現有了自覺的追求，藝術家與自己的創造物「神遇而跡化」，「物」「我」，「道」「藝」，渾然交融於一體，中國的藝術精神豈不在茲乎！

第六章

走向審美自由王國的詩歌藝術

　　詩歌，在中國古代同在世界上其他民族和地區一樣，也是最早成熟的文學樣式。但是，中國古代詩歌藝術的發展道路，卻同世界上許多民族和地區，特別是同歐洲各主要民族的詩歌藝術的發展道路大不相同。如果從中國古代的第一部詩歌總集《詩經》的搜集、編成起算，在近千年的時間裡，詩，主要地不是被人當作純粹的審美對象，而是政治工具、教化手段、歷史課本。孔子觀詩，著重實用；漢儒說《詩》，考史解經，王逸注《騷》，托經立義；儒家詩教始終支配著詩的王國。直到魏晉時期，隨著賦的審美經驗的積累和文人五言詩創作的勃興，才先後提出了「詩賦欲麗」和「詩緣情而綺靡」的嶄新主張。詩才開始轉向純文學的軌道，產生了純粹的審美的自覺：一是人們認識到個人情感是詩審美把握的主要對象，二是詩與畫的審美意識趨同、合流。山水畫家將審美目光投向大自然，詩人也起而效之，以表現山水自然為尚的詩作便大量出現了。從表面看，這似乎僅僅是題材

的變化，究其實質，這是詩歌創作思想一大轉變，鍾嶸在《詩品》的總序中開言就說：「氣之動物，物之感人，故搖盪性情，形諸舞詠。」情性的搖盪，不再著眼於「明得失之跡，傷人倫之廢，哀刑政之苛」，而在自然之物的感發。再是由山水畫而山水詩，詩中對於自然景物的描寫堪與畫比，「景」便在詩裡上升到與「情」同等的地位，於是「情景交融」的審美觀在詩的創作與鑒賞中形成了。當自然景物先是作為詩人感情對應物出現時，景在詩中多是起一種象徵作用（如東漢末年《古詩十九首》中的表現），繼而當自然景物被詩人的感情注入並浸透時，所謂「物境」「情境」「意境」便產生了。因此，詩的題材這一變化，對詩歌藝術以後的走向有著特別重大的意義。也就是從這個時候開始，儒家「詩教」失去了對詩的獨家控制權，詩雖然不像繪畫那樣比較徹底地擺脫儒道的影響（因為「言志」說未完全消失），但它對「自然之道」的體悟與表現，已高於任何一種文學樣式。道家與佛家美學思想的加入與滲透，從而改造了儒家的詩教，對於詩歌藝術走向審美的自由王國，實質上起了決定性的作用。

第一節　從「返自然」到「妙造自然」

魏晉的山水詩創作，起始於玄言詩。魏晉玄學是熔儒、道、佛於一爐的新學，實質上又是以老、莊為本，尤其是到了東晉，正如沈約所説：「有晉中興，玄風獨振，為學窮於柱下，博物止乎七篇。」（〈謝靈運傳論〉）玄學家們也寫詩，當時就稱之為「玄言」詩，但這些詩多是「寄言上德，托意玄珠」（〈謝靈運傳論〉），因而淡乎寡味。玄言詩的作者大概也覺察到此點，於是他們受到當時正在興起的山水畫啟迪，便想到可將玄遠之理寄託於山水等自然景物，這樣他們所崇尚的

老、莊之學就找到了比較恰當的表達方式，「莫之爵而常自然」了。但是玄學家們是「以玄對山水」（孫綽語），山水景物還基本上是玄理的對應物，如東晉孫綽的《秋日》詩，有「疏林積涼風，虛岫結凝霄，湛露灑庭林，密葉辭榮條」等比較出色的景色描寫，但這些景物又是作為某種玄理的提示：「澹然古懷心，濠上豈伊遙。」因此，玄言山水詩還沒有進入對自然之美自覺的欣賞，沒有進入到「物之感人」的創作境界，實際上是從自然山水景色中去為抽象的玄理找到一種形象的佐證和圖解，有景而乏情。

要真切地體會自然山水之美，就要精神上有所放鬆，要真正在大自然母親的懷抱裡「身所盤桓，目所綢繆」而「應目會心」（宗炳《山水畫序》），這些山水畫家的審美經驗，同樣適應於詩人。詩人要真正表現自然之美，就必須身與心同返自然，皈依自然。中國詩人第一個提出「返自然」的便是陶淵明，他在《歸園田居五首》第一首中寫道：

少無適俗韻，性本愛丘山。誤落塵網中，一去三十年。羈鳥戀舊林，池魚思故淵。開荒南野際，守拙歸園田。方宅十餘畝，草屋八九間。榆柳蔭後簷，桃李羅堂前。曖曖遠人村，依依墟裡煙。狗吠深巷中，雞鳴桑樹巔。戶庭無塵雜，虛室有餘閒。久在樊籠裡，複得返自然。

這首詩裡透露出第一個消息便是，人在功利觀念的羈絆中，實際上就遠離了自然。這裡的自然，不只是自然景色，更重要的是人的自然之情性。陶淵明之「歸園田」，歌唱的是自己自然情性的複歸，從此他能夠「守拙」，能感到「虛室有餘閒」，能夠「罕人事」，「絕塵想」。以這種情性與眼光觀察自然景物，就能夠真正體悟自然之美、天趣之

真，獲得一種從世俗中解脫的快感。

從陶淵明詩開始，自然，在中國詩歌藝術中，實質上獲得雙重意義：第一重意義當然指自然景物，天然的鄉野景色表現於詩中，給人以悅目賞心之樂趣，同時，「自然」也是對入詩之「景」一種美的要求，如鍾嶸所說的「清晨登隴首」「明月照積雪」之類表現自然景觀的詩句，是「多非補假，皆由直尋」（〈詩品序〉），也就是後來王國維所說的「真景物」。第二重意義更為重要，那就是作為一種文體風格，作為一種語言形態，乃至作為一種技巧要求，「自然」都成為重要的審美標準和要求。鍾嶸在《詩品》中，率先把「自然英旨」定為一條很高的評詩標準，他批評南朝部分詩人「詞不貴奇，競須新事，……遂乃句無虛語，語無虛字，拘攣補衲，蠹文已甚」。接著便說：「但自然英旨，罕值其人。」鍾嶸對陶淵明評價不甚高，只列入「中品」，但說陶詩「文體省淨，殆無長語；篤意真古，辭興婉愜。每觀其文，想其人德。世歎其質直，至如『歡言酌春酒』，『日暮天無雲』，風華清靡，豈直為田家語耶！」則不但稱讚陶詩以寫田家自然風物見長，而且還看出了陶詩文體語言風格的自然之美，「文體省淨」「篤意真古」便是對其風格自然的相當準確的概括。後來人們對陶詩的評價，便都是著眼于「自然」的第二重意義，較典型的如蘇軾，是從文體風格與技巧狀態看：

淵明詩初看若散緩，熟讀有奇趣。如曰：「日暮巾柴車，路暗光已夕。歸人望煙火，稚子候簷隙。」又曰：「采菊東籬下，悠然見南山。」又曰：「藹藹遠人村，依依墟裡煙。犬吠深巷中，雞鳴桑樹顛。」才意高遠，造語精到如此，如大匠運斤，無斧鑿痕，不知者疲精力，至死不悟。

　　與蘇軾齊名的黃庭堅，則從語言的自然，讚揚陶淵明使語用字「不煩繩削而自合」，後來作詩人中，「巧於斧斤者，多疑其拙；窘於檢括者，輒病其放」。黃庭堅指出：

　　淵明之拙與放，豈可為不知者道哉！道人曰：「如我按指，海印發光；汝暫舉心，塵勞先起。」說者曰：「若以法眼觀，無俗不真；若以世眼觀，無真不俗。淵明之詩，要當與一丘一壑者共之耳。[1]

　　「拙」，是不作有人工斧鑿痕跡的雕飾，「放」，就是處於一種自然狀態，「無為而無不為」也。「拙」與「放」都是「不著力」，但不著力又「詞采精拔」，似無技巧但又有最高超的技巧在，這是詩人一種從精神上「返自然」的審美心態在起著作用，用老子的話來說，是「輔萬物之自然而不敢為」，用莊子的話來說，便是「與物化而不以心稽，故其靈台一而不桎」。淵明詩，也有一種「凝神」之技。

　　鍾嶸以「古今隱逸詩人之宗」來確定陶淵明在詩歌領域的地位，這是片面化的結論，他是以陶詩善以表現「返自然」的田園生活而下此印象式的結論。他沒有看到，陶淵明身、心、精神與詩的藝術向自然皈依，正是自漢魏以來的詩人中，第一個比較灑脫地擺脫儒道和儒家詩教的羈絆，而真正地回到了「舊林」和「故淵」，是第一個獲得了比較透徹的精神自由和審美意識自由的詩人。這種自由，可用昭明太子蕭統一句話來概括：「橫素波而傍流，干青雲而直上。」（蕭統《陶淵明集序》）陶淵明受到東晉以來玄學思想的影響，不是佛門之徒，但與當時在盧山東林寺的佛學大師慧遠是往來密切的好友，他把玄學與

1　蘇、黃兩則，均轉引自《詩人玉屑》上冊，上海古籍出版社1982年版。

佛學所追求的人生解脫放到了日常的、平凡的農村田園生活之中，由此，也將詩歌藝術引向了自然情趣的賞析與抒發之中。他不聲響、不張揚地將道、佛兩家的美學思想引渡到傳統的的詩歌美學中來，開始了對儒家詩歌美學的改造，如對「主文而譎諫」「返自然」見之於作詩，實質上是對「主文」的否定，而返到老子的「見素抱樸」。他也無意於「譎諫」，「此中有真意，欲辨已忘言」，便是他的人生態度與藝術態度，無異於老子所説「猶兮，其貴言，功成事遂，百姓皆謂『我自然』」（《老子》〈十七章〉）。在《歸去來兮辭序》中陶淵明説自己「質性自然，非矯厲所得」，是對未遵儒家從政施仁之道委婉的辯解，恰恰也道出詩歌藝術的另一種前途。

詩貴自然，成了中國詩歌藝術一個新的起點，拓寬了走向審美自由王國的道路。到了唐代，道、佛兩家美學思想，非常顯豁地影響著詩歌藝術的更新與發展，李白就是有著道家風骨布「垂衣貴清真」的一位大詩人，他對於「自然」風格的審美表述是「清水出芙蓉，天然去雕飾」。另外兩位大詩人孟浩然和王維。都以在詩中善於描繪自然景色著稱，人們稱孟浩然詩「自然高遠」，稱王維「詩中有畫，畫中有詩」而得「天趣」。唐代向詩歌理論輸入道家和禪宗美學思想最力的是兩位詩人兼理論家——釋皎然和司空圖。

釋皎然傳世的兩部專著《詩式》與《詩議》重點是對詩藝的探討，他以佛家禪宗美學為基礎，又力圖溝通道、儒兩家的美學思想，《詩式》中有一個明顯的例子，便是談到「兩重意以上，皆文外之旨」時説：「但見情性，不睹文字，蓋詣道之極也。向使此道，尊之於儒，則冠六經之首；貴之於道，則居眾妙之門；精之於釋，則徹空王之奧。」（《重意詩例》）這實質上講的是一種「無言」之美，「無言」之美在於道家就是自然美，在儒家也有「天何言哉」的對自然美的讚歎，在禪

宗則是一種「拈花微笑」，沉醉於精神審美的境界。釋皎然本姓謝，自稱是南朝著名山水詩人謝靈運、謝朓的後人，他讚揚謝靈運「性穎神澈」，「故所作詩，發皆造極，得非空王之道助耶」，又說：

> 康樂為文，直於情性，尚於作用，不顧詞彩，而風流自然。彼清景當中，天地秋色，詩之量也；慶雲從風，舒卷萬狀，詩之變也。不然，何以得其格高，其氣正，其體貞，其貌古，其詞深，其才婉，其德宏，其調逸，其聲諧哉。（《文章宗旨》）

這些話對謝靈運詩作，難免有諛美之辭，但皎然將「直於情性」而有「風流自然」的審美作用，貫於詩之「格」「氣」「體」「貌」「詞」「調」之中去了，成為對詩進行總體審視的一個焦點。他還有一個「詩有六至」說：

> 至險而不僻，至奇而不差，至麗而自然，至苦而無跡，至近而意遠，至放而不迂。

「六至」的核心內容，還是一個「自然」，「險」要險得自然，「奇」要奇得自然。「麗」是自揚雄、曹丕以來公認的詩賦最重要的審美特徵，皎然則直標「自然」。必須指出，皎然講「自然」美的實現，不同於陶淵明作詩的「不著力」，他反而提倡「苦思」，在《詩議》中說過：「或曰詩不要苦思，苦思則喪於天真。此甚不然。固須繹慮於險中，采奇於象外，狀飛動之趣，寫冥奧之思」，但苦思所得，即「成章之後，有其易貌，若不思而得也」，這就是「至苦而無跡」，也是後來有的詩人所說的：大巧然後歸大樸。

　　司空圖將詩之「自然」，提到很高的審美境界，他更多地以道家思想為依傍，老、莊所強調的「素」與「真」，也是司空圖在《詩品》中核心的審美觀念，這兩個字出現的頻率最高，請看：

大用外腓，真體內充。（〈雄渾〉）

素處以默，妙機其微。（〈沖澹〉）

乘之愈往，識之愈真。（〈纖穠〉）

畸人乘真，手把芙蓉……虛佇神素，脫然畦封。（〈高古〉）

體素儲潔，乘月返真。（〈洗煉〉）

飲真茹強，蓄素守中。（〈勁健〉）

是有真宰，與之沉浮。（〈含蓄〉）

真力彌滿，萬象在旁。（〈豪放〉）

是有真跡，如不可知。（〈縝密〉）

惟性所宅，真取不羈。（〈疏野〉）

絕佇靈素，少回清真。（〈形容〉）

　　司空圖將「素」與「真」視為詩的本質之美。二十四則品詩之韻語，主要是對詩的各種風格與境界形象的表述，但也有不少涉及技巧問題，如〈洗煉〉〈含蓄〉〈形容〉等，或者以「素」與「真」為審美創造的出發點，或者以其為歸宿，境界由內而外，淺深聚散，始終處於一種自然的狀態之中。就詩的本體觀照，他專有〈自然〉一品闡其妙：

　　俯拾即是，不取諸鄰，俱道適往，著手成春。如逢花開，如瞻歲新，真予不奪，強得易貧。幽人空草，過水采蘋，薄言情晤，悠悠天鈞。

　　詩欲得自然之美的佳境，用不著東尋西找，旁借他物，詩人只須體悟「自然之道」的奧妙，順自然的規律而往，就會有無盡的美的發現，如逢花的自然開放，像瞻望日月的流駛更新，自然的賜予，得之自然的不會喪失，勉強求取的就容易枯槁。詩人在體察自然的審美境遇中，主觀的感情與客觀景物能夠交融契合而無間，就達到了悠然自在「天籟」之美的境界。

　　我在前面談到陶淵明的詩之所以能夠「返自然」，正是他獲得了比較透徹的精神自由和審美意識的自由。司空圖也意識到了這一點，他認為，通過精神自由的獲得才能實現「妙造自然」，他對這種「精神」的描述是：

　　欲返不盡，相期與來，明漪絕底，奇花初胎。青春鸚鵡，楊柳池台，碧山人來，清酒滿杯。生氣遠出，不著死灰，妙造自然，伊誰與裁？（〈精神〉）

　　這種「精神」，既是客觀事物的精神，也是詩人主體的精神，我們在前面已引用過宋、尹學派的話：「有神自在，一往一來，莫之能思。」（〈內業〉）詩人的主觀世界與客觀世界契合時，主、客之間便產生了精神的交流，由於自然界「精義入神」，詩人的精神也格外旺盛，也可以周流萬物而不息，詩人的精神純然無雜，如流水之清澈見底，如含苞之花生氣蘊藉，活潑、靈動如稚嫩的鸚鵡，靜謐、和諧如楊柳輕拂中的池台。這樣優美、自由的精神，洋溢著生機、生氣、生趣，毫無呆板萎弱之態，就必定能創造出充溢自然真美的境界，誰能憑人為的雕琢裁度之功而至此呢？

　　司空圖講「妙造自然」，完全運用了道家尤其是莊子的「藝」「道」關係的觀點，也與繪畫領域內已出現的「藝」與「道」合、「藝」化入「道」、「道」融於「藝」的觀點相呼應，在他心目中，「藝」是「俱道適往」，然後才能「著手成春」。在〈形容〉品中，他談到詩人對風雲、花草、山、海等自然景物的描寫形容，都要攝取它們的「變態」和「精神」，做到「俱似大道，妙契同塵」，詩人之藝術精神與自然大道精神渾然一體，這樣，審美物件就「離形得似」而神似了，如此，「藝」也進入了「道」的境界。

　　「自然」，從道家的一個哲學概念，在詩歌領域內，逐漸演化成一個內蘊豐富的審美觀念，並直接體現了「藝」與「道」的統一，藝術態度、行為、方法與藝術目的統一。就詩的創作過程來說，首先是詩人之情要「發乎自然」，任情率真，毫無做作之態，及至於寫作時，「自然靈氣，恍惚而來，不思而至」（李德裕《文章論》），不雕不琢，渾然天成。其次，就詩歌藝術表現來說，不管是寫景、狀物、敘事、抒情，都要體現自然造化之妙。「狀理則理趣渾然，狀情則事情昭然，狀物則物態宛然，有窮智極力所不能到者，猶造化自然之聲也。」（包恢

《答曾子華論詩書〉）用事、抄書、鋪陳學問、拼湊成章等「補假」手段，都不能寫出真詩。再次，作為最高級的語言藝術，詩的語言必以自然流麗為上，有的詩往往「句法簡易，而大巧出焉」，大巧是毫無斧鑿求巧之跡，因此，「句之佳者，乃時至氣化，自然流出」，「能道得眼前真景，便是佳句」。我們所說「自然」具有的雙重意義，在語言藝術的造詣上，往往同時體現出來。總之，在中國詩歌藝術的探求中，從「返自然」到「妙造自然」，已經揭示了一種最高的審美形態，「自然妙者為上」（謝榛《四溟詩話》），為創造中國古典詩歌最高層次的審美境界，已成相互映發之勢。

第二節　由「境生象外」到「詩而入神」

在上編《文與質》第五章第二節中，已談到劉禹錫在「意境」說的基礎上，又提出了「境生象外」的新說。詩人在詩的意境的創造中，要求「言」與「象」發揮超出本身功能的作用，這是詩藝中一個最棘手的難題。

「象外」一詞，最早見於魏之荀粲對於「夫子言性與天道不可得而聞」的議論：「蓋理之微者，非物象之所舉也。今稱立象以盡意，此非通於意外者也；繫辭焉以盡言，此非言乎繫表者也。斯則象外之意，繫表之言，固蘊而不出矣。」[2]這是說，客觀事物的精義，靠物象本身或人所擬之象都不能完全傳導出來，真正精深的東西都在「象」之外、「言」之外。東晉佛學家僧肇，從佛理不可窮盡的角度，說佛之所謂「涅槃」，實質上是「斯乃窮微言之美，極象外之談者也」（《涅槃無名

2　《魏書》〈荀彧傳注〉引何劭《荀粲傳》。

論〉）。這個具有很深奧的哲學意義的「象外」之說，很快引起了藝術家的注意，應用於藝術理論了，那就是我在前一章已談到謝赫的「若拘以體物，則未見精粹；若取之象外，方厭膏腴」之說（《古畫品錄》）。到唐代，「象外」說與「境界」說一道，又轉移到詩歌理論中來了，在詩論中最先提到「象外」的不是劉禹錫，而是詩僧釋皎然，但也只說一句「采奇於象外」（見上節談皎然「苦思」說所引），而劉禹錫一句「境生象外」，則在理論上把「境界」說推向了一個更高的層次。

黑格爾曾就詩與繪畫的區別，作過非常精闢獨到的論述。他說，凡是要按照外在的現象把一種內容提供觀照，繪畫占著優勢；詩固然也可以運用豐富多彩的手段去使事物成為可供觀照的鮮明形象，但因為詩特別要在觀念和思想中活動，主要是精神性的活動，所以詩要顯出思想的普遍性，就不能達到感性觀照的那種明確性。「語言在喚起一種具體圖景時，並非用感官去感知一種眼前外在事物，而永遠是在心領神會。」他還著重指出：「在感性現實和外在定性方面的這種欠缺，在詩裡卻變成一種無可估計的富饒，因為詩不像繪畫那樣局限於某一一定的空間以及某一情節的某一一定的時刻，這就使詩有可能按照所寫的物件的內在深度，以及時間上發展的廣度把它表現出來。」[3]黑格爾是在解釋繪畫是空間的藝術，詩是兼空間與時間皆有之的藝術，並且是更重於精神性的語言藝術而說這一番話的，實際上他已闡述了「象外」的道理及對於詩歌創作的重要性。但我只能說，這位偉大的哲學家清晰的理論表述，僅僅可作為我們理解中國「象外」說的入門之助，因為中國詩歌理論中的「象外」說，不只是對一種外在事物的「心領

3　《美學》第三卷下冊，第5-6頁。

神會」，也不只滿足於表現「所寫的物件」內在的深度和廣度，而更重要之處在於：詩人主體的精神整體地投入「所寫的對象」上，不是一般的寄託，也不僅是裡普斯所說的「移情」而已，而是化物為我，借物之形藏我之神、傳我之神。物的本來面目、本來精神，對於詩人來說似乎已無關緊要，最緊要的是物之中、物之外，有我的精神、我的面目在。這就是說，詩人主體之神，通過詩人自己的藝術創造，完全轉移到了客體即「所寫的物件」上，在自己審美創造物上實現了自我表現。讀者在審視詩人所創作的「境象」「境界」時，主要不是由此認識客觀對象世界，而是以此觀照詩人的主觀世界和精神境界。中國的「象外」說，真諦要義便在於此！

司空圖論詩，即以「象外」說為出發點，列《詩品》之首的《雄渾》，就有「超以象外，得其環中」之語，在《與極浦論詩中》一文對於「可望而不可置於眉睫之前」的「詩家之景」，發出「象外之象，景外之景，豈容易可譚哉」的感歎。司空圖對「境生象外」的闡發，做出了兩點突出的貢獻：一是揭示了「象外」的審美特徵，並與「神」聯繫起來；二是將詩所能展示的各種境界，都認同於人的精神境界。

關於前者，他在《與李生論詩書》中，首先從詩的審美鑒賞角度提出「辨味」說：「文之難而詩尤難。古今之喻多矣，而愚以為辨於味而後可以言詩也。江嶺之南，凡足資於適口者，若醯，非不酸也，止於酸而已；若鹺，非不鹹也，止於鹹而已，華之人以充饑而遽輟者，知其鹹酸之外，醇美者有所乏耳。」鍾嶸品詩提出過「滋味」說，但僅就五言詩「居文詞之要」而言，沒有引申和發揮，司空圖則特別提示，酸鹹之外應有「醇美」，以比喻詩的審美趣味，那就是「近而不浮，遠而不盡，然後可以言韻外之致耳」。又進一步指出，有「韻外之致」和「味外之旨」的詩，是「千變萬狀，不知所以神而自神」，將「象外」

的審美效果歸結為「神」，似乎是他順筆捎帶，但確又是他有識如此，在《與王駕評詩書》中他已用「神躍而色揚」一語，在《詩賦贊》中亦說，真正的好詩「神而不知，知而難狀」。

也許，司空圖就是為「知其神」而寫二十四則「詩品」的，其中直接談到「神」的就有九則[4]。前已說到，這二十四則品詩之韻語，主要是對詩的各種風格與境界形象地表述，更確切地說，也就是展示二十四種詩的境界，後來袁枚就直稱「妙境」（《續詩品》小序），儘管有少數幾種偏重於藝術技巧，但幾乎每一品都可以由「境」見人，見到創造這種或那種詩境的詩人音容形態。試以〈沉著〉為例：在「綠杉野屋」之地，「落日氣清」之時，一位瀟灑、從容的高士，「脫巾獨步」於「時聞鳥聲」的寂寥之中，他思友懷人，雖然「所思不遠」，卻深情難排，發出「若為平生」之歎；夜深了，詩人面對碧空明月，夜渚海風，詩情奔湧……這一境界的描繪，本身就充滿了「象外」之趣，我們很容易聯想起吟「今夜鄜州月」、吟「涼風起天末，君子意如何」的杜甫。有人評說：「前十句言沉著之思，後二句方拍到詩上。」二十四品中的大多數幾乎都運用了類似的表現方式，那就是力圖攝取詩人轉移或曰投射到詩境中的主體之神。這一特點，很多研究《詩品》的學者都發現了，或說「詩品取神不取形」，讀之「愛其神味」；或說「意主摹神取象」，「神遊象外」；或說「於不可解處以神遇而不以目擊，自有一段活潑潑地栩栩於心胸間」等等。[5]

如此自覺地從審美創造的物件中觀照審美創造的主體，是中國古代美學思想發展的一大飛躍，用現代美學的觀點評量，那就是西元七

4　即〈高古〉〈洗煉〉〈勁健〉〈綺麗〉〈清奇〉〈形容〉〈超詣〉〈流動〉〈精神〉。

5　以上引語均轉引自郭紹虞：《詩品集解》。

世紀到八世紀之間的唐代詩人和詩論家，已經聰穎地悟到：美，是人的本質力量對象化！馬克思說：「只有通過人的本質力量在物件界所展開的豐富性，才能培養出或引導出主體的即人的敏感的豐富性。」[6]司空圖也正是從詩人在物件界所展開的豐富性，從而使人們形成各種能夠審美的感官，尤其是「精神的感官」。但司空圖在完成這一理論發現時，還有未竟之意，那就是他「知其神不知其所以神」。這是一個更富有實踐意義的問題，三百餘年後，嚴羽才對此作出較為完滿的回答。

嚴羽在《滄浪詩話》中，歸納出「詩之法有五」，「詩之品有九」「其用工有三」「其大概有二」，進而凸現：

> 詩之極致有一，曰入神。詩而入神，至矣，盡矣。蔑以加矣！
> （〈詩辨〉）

他由詩之總體觀，深入到詩的境界，又涉及詩最基本的技巧，標舉詩的優美（「優遊不迫」）和壯美（「沉著痛快」）兩大類型的美學風格，最後，旗幟鮮明地將「詩而入神」作為詩人創作最高的審美追求與品詩的最高審美標準。在詩如何「入神」，如何鑒定「入神」之詩的審美形態與神態等方面，他有了比司空圖更全面、更深入、更有實踐意義的論述。

詩如何「入神」？從審美途徑而言——「妙悟」，從詩人悟性之本而言——「興趣」。

「妙悟」一詞，又是禪宗美學的貢獻。東晉時那位談「象外」的僧肇，也是最先發明「妙悟」之義者，在他的《涅槃無名論》中說：

6　轉引自朱光潛譯：《經濟學——哲學手稿》（節譯），載《美學》第2期。

　　玄道在於妙悟，妙悟在於即真。即真則有無齊觀，齊觀則彼己莫二。……夫至人虛心冥照，理無不統，懷六合於胸中，而靈鑒有餘；鏡萬有於方寸，而其神常虛。至能撥玄根於未始，即群動以靜心，恬淡淵默，妙契自然。

　　嚴羽將「妙悟」引進詩歌理論中，說明他對文藝創作中的「靈感思維」已久有思考而終於找到了一個定性詞。東晉著名女書法家衛夫人在《筆陣圖》中談到書法之奧妙時，就有「自非通靈感物不可與談斯道」之說，接觸到了靈感思維的實質。宗炳的「應會感神」、劉勰的「神思」，也包含了靈感思維在其中。嚴羽用「妙悟」，如果拭去其禪學色彩，如陸桴亭在《思辨錄輯要》所說：「凡體驗有得處，皆是悟。……人性中皆有悟，必工夫不斷，悟頭始出。如石中皆有火，必敲擊不已，火光始現。」那就是一種直感性的「潛思維」[7]，「潛思維」被喚醒、被啟動時，便表現為詩人主觀世界對客觀世界一種直接、直觀的把握，那就是「懷六合於胸中而靈鑒有餘」。在嚴羽的論述中，「妙悟」與「興趣」是緊密地互相聯繫在一起的，所謂「興趣」，是「不涉理路，不落言筌」的一種比較超脫的審美情趣——「詩者，吟詠情性也，盛唐詩人惟在興趣」。這種「興趣」得以從人複雜的、世俗的情感中脫穎而出，又有賴於「妙悟」，孟浩然學力不如韓愈，「其詩獨出退之之上者，一味妙悟而已」。嚴羽著眼於「妙悟」在於「即真」，「即真」就是主觀世界與客觀世界契合交融時「有無齊觀」，「彼己莫二」，所以他指出「興趣」有高下，有雅俗，「悟」則有分限，有淺深。詩要表現

7　錢學森說：「靈感實際上是潛思維。它無非是潛在意識的表現。」載《文藝研究》1985年第1期。

純正的興趣，要先除「俗體」「俗意」「俗句」「俗字」「俗韻」；「悟」則忌「一知半解之悟」，而須「透徹」，「及其透徹，則七縱八橫，信手拈來，頭頭是道矣」（〈詩法〉）。嚴羽還特別指出：「興趣須是本色，須是當行」；「惟悟乃為當行，乃為本色」。「妙悟」與「興趣」處處一拍即合，純正的靈感激發純淨的詩情！「興趣」是「妙悟」的底蘊，「妙悟」是「興趣」的引發，詩人的主體精神向物件世界投射了，「恬淡淵默，妙契自然」，「入神」於自己「所寫的物件」，然後「象外」有我之「神」在。

又怎樣鑒識詩人「入神」與否呢？由「妙悟」而得的詩呈現出什麼樣的審美形態與神態呢？在嚴羽的心目中，「體制」「格力」「氣象」「興趣」「音節」五者合而一體，便是一首詩審美形態的總觀。陶明濬解釋說：「體制如人之體幹，必須佼壯；格力如人之筋骨，必須勁健；氣象如人之儀容，必須莊重；興趣如人之精神，必須活潑；音節如人之語言，必須清朗。」（《詩說雜記》）此喻將詩透徹地擬人化了，頗合嚴羽「入神」之義。就觀人而言，最引人注目的當然是「儀容」，這是精神與神貌的結合，因此，嚴羽特別注重詩的「氣象」，對於漢魏古詩，建安之作，盛唐乃至東坡、山谷之詩，都以「氣象」目之，而以「渾沌」「渾厚」「雄渾悲壯」為最佳氣象。審美形態如此，而其審美神態則應是「其神常虛」，嚴羽的描述是「羚羊掛角，無跡可求，故其妙處透徹玲瓏，不可湊泊，如空中之音，相中之色，水中之月，鏡中之象，言有盡而意無窮」。他最推重的是「辭理意興，無跡可求」（〈詩評〉）。所謂「不涉理路，不落言筌」，即既不「尋枝摘葉」，亦不「拖泥帶水」，乃至「不必太著題，不可多使事」（〈詩法〉），那還是淺層次的「無跡」。真正深層次的、透徹的「無跡」，就是主體完全投入了客體，詩人的主觀情感與精神完全滲透、浸融了他的審美對象，他「神

會於物」，物也以詩人想象中的那種姿態「神會」於詩人。這是情以物化，物以情顯；我融於物，物融於情；主體與客體，形跡原為二，神已合而為一。後來畫家石濤所體悟到的「神遇而跡化」，不也就是這樣一種境界嗎？呈現此種境界的詩，詩人主體好像完全消失了，因此後來被王國維稱為「無我之境」，說是詩人「以物觀物，故不知何者為我，何者為物」，而其實質，卻是詩人主體「入神」於自己「所寫的物件」，「我」已經無所不在。這就是「意與境渾」，或曰「意、境兩忘，物我一體」；這就是由內而外，由外而內的「氣象渾厚」；這就是人的本質力量物件化實現的大功告成！

司空圖說「知其神不知其所以神」，原來「所以神」的奧妙就在於人的本身，在於詩人的主體之神的能動發揮。在古今詩歌中，這確是一種「得之者蓋寡」的「至矣，至矣，蔑以加矣」的「極至」之境，所以劉禹錫說它「精而寡和」，司空圖歎為「豈容易可譚哉」！王國維則說：自古以來的詩人詞家，「寫有我之境者為多，然未始不能寫無我之境，此在豪傑之士能自樹立耳」（《人間詞話》）。

《易傳》〈繫辭〉云：「形而上者謂之道，形而下者謂之器。」通過對詩歌藝術走向審美自由王國的考察，我們是否可以得出這樣一點認識：詩，由「返自然」進而到「妙造自然」，再至「象外」之境而有「詩而入神」，正是詩人對美的本質與本原的重新發現和回歸，而這個本質與本原就是精神性的宇宙本體——「道」，「道」是至純的真、至高的善、至粹的美之所在。儒家強調了這個「道」中的「人道」內涵，具體到「仁」與「義」，這是一種「形而下」的走向，「發乎情，止乎禮義」，使詩美染上濃厚的功利主義的色彩。「返自然」從觀念上說，是擺脫儒家詩教而折返「形而上」之途。人，也是自然界中的一個物種，我們的先人因悟到了「順性命之理」而有「天道」與「人道」的觀念

出現，而這一「性命」本原在「天」即在「自然」，因此，人性的本質
也是一種自然之性。當然，人又是作為一個特殊的自然物種，他是「有
心之器」，正如馬克思所説，「自然中所含的人性的本質只有對社會的
人才存在」，人就應該是最能體悟和體現自然之道的自然界之靈長，因
此，「只有在社會裡，自然才作為人自己的人性的存在基礎而存在。只
有在社會裡，對人的原是他的自然的（原始的──譯者）存在才變成
他的人性的存在，自然變成他的人性的存在，自然對於他成了人」。由
此，馬克思作出了如下結論：

　　社會就是人和自然的完善化的本質的統一體──自然的真正復
活──人的徹底的自然主義，和自然的徹底的人道主義。

　　我們古代的詩人當然不可能懂得這些抽象的道理，但他們憑著很
強的直覺才能，感受到了在儒家思想統治的社會裡，作為自然的人性
正在逐漸泯滅（如嵇康就發出了「性有所不堪」的痛苦呼聲），「人道」
在不斷的異化之中，他們無力反抗社會，於是只得在自己的精神領域
內尋求「自然的真正的復活」，重新在自然中尋找、發現和肯定作為自
然物種的人的本質之美，司空圖在《詩品》第一則〈雄渾〉中，實際
上就表達了一種這樣的審美理想：「大用外腓，真體內充，返虛入渾，
積健為雄。」嚴羽所強調的詩「惟在興趣」和「透徹之悟」，其因其果，
大概也在於此。他們的審美追求力圖超脱「形而下」而進入「形而上」
的「象外」，上升到美的本質、本原即「道」的境界，使主體之神與客
體之神融合而一，只可惜他們還沒有意識到，這正是「人與自然和人
與人之間的對立衝突的真正解決，也就是存在與本質，物件化與自我

肯定，自由與必然，個體與物種之間的糾紛的真正解決」[8]。因而他們只能發出「至矣、盡矣，蔑以加矣」的空泛的讚歎。馬克思將上述實現歸之「共產主義」，「共產主義就是歷史的謎語得到解答」。我在這裡說句俏皮話：我們古代的詩人，他們是在藝術創造中，尋求實現一種美學的、純屬精神性質的「共產主義」。

還應該特別指出的是，古代造型藝術理論與詩歌理論中種種入神入化的論說，雖然蒙著一層神秘主義色彩，這說明了持論者還沒有真正透徹地認識人生、認識社會，認識客觀世界，因而就不可能更多地知道「真正現實的、感性活動的本身」。但是，他們又的確發展了對於人的主體之神能動作用的認識（得力於《莊子》《易傳》與宋、尹學派以及儒學之精華），這就啟迪和啟動了後來作家藝術家在審美創造活動的主體意識和主動的創造精神，並使作為一種外在行為的「藝術」，實現了向精神領域的轉化，使人的本質力量物件化實現獲得了卓越的方法與有力的手段。馬克思還說過：「社會生活在本質上是實踐的。凡是把理論導致神秘主義方面去的神秘東西，都能在人的實踐中以及對這個實踐的理解中得到合理的解決。」[9]「游於物之外」「神遇而跡化」「詩而人神」「無我之境」等審美妙境，在我國古代詩、畫藝術珍品中確實已有相應的存在，是一部分優秀的詩人和藝術家天才創造的「非尋常之物」。而作為具有「神秘色彩」的理論形態，它所表述的最高的審美理想與審美追求，在那個時代的世界範圍內，應該說是絕無僅有的。為此，我們可以自豪地宣稱：中國古代的藝術理論，古典詩詞與繪畫中的最佳成果，較之西方世界，更早地走向了美學意義的成熟。

8　以上所引馬克思語，均見朱光潛譯：《經濟學——哲學手稿》（節譯），載《美學》第2期。

9　《馬克思恩格斯選集》第1卷，人民出版社1972年版，第18頁。

第七章

「文」「道」矛盾的發展形態

　　較之造型藝術由「應會感神」而實現「藝」與「道」合，較之詩歌藝術由「妙悟」而走向審美的自由王國，在「經國之大業」的文章（主要是「古文」）領域，「藝」與「道」卻一直充滿了矛盾與鬥爭。因為這一領域中堅守著儒家之道，自韓愈、柳宗元推出「文以明道」的理論之後，「明道」便成了多數文人的為文準則。然由於人們對「道」的理解不一致，有的重視「文」的審美功能，有的抹殺「文」的審美價值，也有少數人開始表現出離經叛道的傾向，因而使這個領域內的矛盾與鬥爭顯得很複雜。但是，就總體而論，中國古代的散文是一種在雜文學觀念支配下發展起來的典型的雜文學樣式。它雖然取得了很高的藝術成就，但卻始終沒有獲得純粹的審美品格。

第一節　「文以明道」的發展

　　韓愈所宣導的「文以明道」的古文運動，在他生前和死後的一段相當長的時期內，除了他的學生的鼓吹外，並沒有引起很大的反響，散體古文沒有取代駢體文而成為占統治地位的文體。駢體文有著名詩人李商隱等人的宣導，李還對韓愈「學道必求古，為文必有師法」的主張進行了批評，還一針見血地指出，「道」並非周公、孔子的專利品（參見《容州經略使元結文集後序》）。再度氾濫的駢體文與晚唐世風、文風日下，只有少數作者和理論家寫作古文、推崇韓愈。北宋初期的幾十年，綺靡文風仍然統治著文壇。其時雖有柳開、王禹偁等人鼓吹革新詩，但成績不大。直到以歐陽修為代表的一批作家、理論家登上文壇，詩文革新運動，特別是古文運動才取得了歷史性的根本的勝利。他們把「文以明道」的原則，從思想和藝術兩方面加以發展，並在理論上與創作上取得超越前人的巨大成就。難怪被後人尊為古文典範的「唐宋八大家」而宋有其六。不過，宋代六家，按地域、政治地位、師承關係，又可以分成兩個派別，這兩個派別對於「文以明道」的「道內文外」各有所重，江西三家即歐陽修、曾鞏、王安石側重發展了「道」的一面而兼及「文」，四川蘇洵、蘇軾、蘇轍父子三人則超越了儒家之道而側重發展了「文」的一面。現分別略述之。

　　歐、曾、王三人同籍，雖然政治傾向、論文主張、藝術風格不盡一致，但都從不同方面發展了「文以明道」說。三人中歐陽修更推重韓愈。他說自己讀了「韓氏之文」後喟然而歎：「學者當至於是而止爾！」因此，在他的文論中論及「道」之處最多，他繼承了韓愈《原道》的思想並有所豐富和發展，他最著名的觀點是「道勝文至」：

　　昔孔子老而歸魯，《六經》之作，數年之頃爾。然讀《易》者如無《春秋》，讀《書》者如無《詩》，何其用功少而至於至也。聖人之文，

雖不可及，然大抵道勝者，文不難而自至也。……後之惑者，徒見前
世之文傳，以為學者文而已，故愈力愈勤而愈不至。此足下所謂終日
不出於軒序，不能縱橫高下皆如意者，道未足也。若道之充焉，雖行
乎天地入於淵泉，無不之也。（《答吳充秀才書》）[1]

　　他沒有肯定有「道」就有「文」，因為「文」只是「道」見於言的
表現。孔子弟子中有「能政事」者，有「能言語」者，顏回是人所公
認的「有道」者，他「默然終日如愚人」，沒有「文」的表現。但是，
他又認為欲要為「文」，又非有「道」存於心不可，寧可「質而無文」，
不可「文而無質」，在《代人上王樞密求先序書》中説：

　　言以載事，而文以飾言；事信言文，乃能表見於後世。……然其
道有至有不至，故其書或傳或不傳……文至矣，又繫其所恃之大小，
以見其行遠不遠也。

　　由「文以明道」「貫道」而推出「道勝文至」，歐陽修在寫作中理
性活動與審美活動同時展開了（當時更注重理性），沒有明顯地將「文」
置於附庸的地位，而是將「文」還原為「道」的美感形態，這就是「道
純則充於中者實，中充實則發為文者輝光」（《答祖擇之書》），這比韓
愈的模式似乎有些微妙的變化。
　　曾鞏得到過歐陽修的提攜，但他在「文」「道」關係方面的開拓卻
不如歐陽修。他提出「道者，所以立本也，不可不一」，強化了儒道觀
念，説「法」「事」「理」「道」這一序列中，「道」與「理」不可變，

1　歐陽修文均據《四部叢刊》本《歐陽文忠公文集》引錄。

能變的只有「事」與「法」，這就更突出了「道」的神聖與莊嚴，從而強調作文必須是「固本而變末」。他將這一原則應用於指導各種文體的寫作，如史傳文和碑誌文，在選題時，先要審視物件是否有「其道必足以適天下之用」，這就將「道」貫到一切文體中去了，從柳宗元「文有二道」向後退了一步。由此，他連司馬遷的《史記》也大加貶詞：「夫自三代以後，為史者如遷之文，亦不可不謂俊偉拔出之材，非常之士也。然顧以謂明不足以周萬事之理，道不足以適天下之用，智不足以通難知之意，文不足以發難顯之情者，何哉？蓋聖賢之高致，遷固有不能純達其情而見之於後者矣。」（《南齊書目錄序》）可見他的重「道」的理性意識抑制了審美的情趣，對「無韻之《離騷》」竟也欣賞不了。江西三家中，曾鞏在「道」與「文」方面都沒有什麼新貢獻，僅僅是將儒道對文的統制作用強調到有過之無不及的地步罷了。但他關於「法」的觀念卻值得注意，在《禮閣新儀目錄序》中云：「古今之變不同，而俗之便習亦異，則亦屢變其法以宜之，何必一二以追先王之跡哉？」雖然講的是政治制度，但「法」可變的思想貫穿到了他的散文理論與實踐中，使他「馳騁上下，偉麗可喜」之文能上與歐陽修攀輩，下對清代桐城派的「古文義法」論的形成一定的影響。

王安石在政治上是一位偉大的改革家，他非常強調文為社會、為政治服務，他心目中的「道」，是聖人「蓋心得之；作而為治教政令也，則有本末先後，權勢制義，而一之於極。其書之策也，則道其然而已矣」（《與祖擇之書》）。他心目中的「文」，也不過是「禮教治政云爾，其書諸策而傳之人，大體歸然而已」（《上人書》）。因此，他要求作文「務為有補於世」，至於文辭「巧且華」與否，「要之以適用為本，以刻縷繪畫為之容而已」（《上人書》）。王安石可謂從理論到實踐都發展了柳宗元「輔時及物之謂道」，為他所推行的政治改良——「變

「法」服務。

　　來自四川的蘇氏父子側重發展了「文」的一面，這是因為：其一，蘇洵、蘇軾（蘇轍要保守一些）關於「道」的觀念突破了韓愈的規範，公開容納老莊、佛家之道。蘇洵「言兵事，論古今形勢，至自比賈誼」，或「博觀古今議論，而以陸贄為賢」。對韓愈所謂一代代單傳之道取懷疑態度，他說：「自孔子沒百有餘年而孟子生，孟子之後數十年而至荀卿子，荀卿子後乃稍闊遠，二百餘年而揚雄稱於世，揚雄之死不得其繼千有餘年，而後屬之韓愈氏。韓愈氏沒三百年矣，不知天下之將誰與也？」（《嘉祐集》〈上歐陽內翰第二書〉）蘇軾更直率地說：「韓愈之於聖人之道，蓋亦知好其名矣，而未能樂其實。何者？其為論甚高，其待孔子、孟軻甚尊，而拒揚、墨、佛、老甚嚴。」（《蘇東坡集》〈應詔集十〉）蘇軾本人實質上是崇尚老、莊自然之道的，道不同不相與謀，因此他們多言「文」而少言「道」。其二，「三蘇」在政治上都不甚得意，蘇軾更是屢遭貶遷，因此對於文章之經國世用不看得那麼重。按蘇洵的說法，「與世俗日疏闊」，才能「得以大肆其力於文章」，當他們有求於功名而作文章時，「當時之文淺狹可笑，饑寒窮困亂其心，而聲律記問又從而破壞其體，不足觀也」。只有擺脫了功利之求學文，「詩人之優柔，騷人之清深，孟、韓之溫淳，遷、固之雄剛，孫、吳之簡切，投之所向無不知意」（《上田樞密書》）。蘇軾可能受其父親薄功利而重文的思想影響，更是嬉笑怒罵皆成文章，「自知其不悅於世」也以此而充滿自信。有上述兩大原因，所以「三蘇」在「道」與「文」兩個領域內都有更自由的天地，其中又以蘇軾為最。

　　在第五章《造型藝術領域之「道」與「藝」》裡我已介紹了蘇軾的藝術理論，他的文學理論同出一轍：

　　吾文如萬斛泉源，不擇地而出，在平地滔滔汨汨，雖一日千里無難，及其與山石曲折，隨物賦形而不可知也；所可知者，常行於所當行，常止於不可不止，如是而已矣。其他，雖吾亦不能知也。（《自評文》）

　　他作文的原則是「述意達辭」，美學追求是「文理自然，姿態橫生」，這與歐陽修的「道勝文至」的原則要求有別。「述意」是內容的解放，由儒道擴展到佛老思想，賈陸議論乃至日常生活的感觸，他又自謂「輸寫腑髒，有所不盡如茹物不下，必吐出乃已」（《密州倅廳題名記》）。「達辭」是形式的解放，由古文擴展到駢文修辭，而又不受其限制，蘇軾對孔子的「辭達而已矣」進行了新的發揮：「求物之妙，如繫風捕影，能使是物了然於心者，蓋千萬人而不一遇也，而況能使了然於口與手者乎，是之謂辭達。辭至於能達，則文不可勝用矣。」（《答謝民師書》）郭紹虞先生在比較了「三蘇」與韓、歐之「道」後曾說：「東坡之所謂『道』，其性質蓋通於藝。」[2]的確，蘇軾的「道」，主要是強調一種自由境界，「道可致而不可求」，譬如南方多善於潛水的人，「日與水居，則十五而得其道」（《日喻》）。這與莊子的「道藝」說是相通的。

　　蘇軾是唐宋八大家中對散文藝術的發展貢獻最大的一位，他的純文學散文和大量小品散文，成了「古文」領域中一種引人注目的文體。這些精彩奪目的美文，見出作者在精神放鬆而極為自由的狀態下，其藝術創造是「逆來順往，旁見側出，橫斜平直，各相乘除，得自然之數」的自由發揮，以至達到「非能為之為工，乃不能不為之為工」（《江

2　見《中國文學批評史‧三蘇與貫道說》。

行唱和集序〉）的「無技巧」狀態。總之，在「藝」的方面，蘇軾將詩、文、畫乃至書法都貫通了，是一代藝術大師。

　　「古文」在發展中，儘管唐之韓、柳，宋之歐、曾、王與「三蘇」，在「道」與「文」兩個方面，各自的選擇與表現有所不同，各自對理性活動與審美活動的結合、把握有所不同，但總的來說，是將「文以明道」發展、完善，而成為中國式的理性與審美統一的藝文模式。這個模式要求作家在「體」與「用」、「內」與「外」、「質」與「文」兩端之間進行平衡，經常在社會需要與個人志趣之間進行自我調整，在這個模式中尋求「道」與「文」最佳的互補方式，儘量在儒道控制的封閉狀態中，求得一些內部和外部的開放。南宋永嘉派的重要人物王十朋，特別標舉唐宋八大家的四位代表人物——韓、柳、歐、蘇（軾），選擇他們各家之長而表彰之：

　　韓、歐之文，粹然出於一正；柳與蘇好奇而失之駁；至論其文之工，才之美，是宜韓公欲推遜子厚，歐陽子欲避路放子瞻一出頭也。

　　他此論頗是卓見，柳與蘇都取「道」很寬，藝術上更重自由的發揮，正是他們的特殊貢獻，才使「文以明道」沒有成為一個僵化的模式。王十朋又總結出「唐宋之文可法者四」：

　　法古於韓，法奇於柳，法純粹於歐陽，法汗漫於東坡。[3]

　　這是對影響至晚清的一個藝文模式最精闢簡練的理論概括。也許

3　王十朋《梅溪文集》前集十九《讀蘇文》《雜說》。

是出於「可法」的動機，明初朱佑首先編輯了《八先生文集》。明中葉，茅坤再次編選《唐宋八大家文鈔》並作「總序」，「序」中指出八家：「其間材旨小大，音響緩亟，雖屬不同，而要之於孔子所刪六藝之遺，則共為家習而戶眇之者也。」接著又有朱伯賢編《唐宋文衡》，貝瓊為之序，對六家評價與王十朋略有不同：「韓之奇，柳之峻，歐陽之粹，曾之嚴，王之潔，蘇之博，各有其體，以成一家之言。」後又有陳定生的《八家文選》，吳應箕為序，等等，不一而足。清朝性靈派詩人袁枚反對這種門戶之選，特別反對茅坤逐篇評點，只停留在「抑揚開闔，起伏照應」等「法」上，指出：「能為文，則無法如有法；不能為文，則有法如無法。」[4] 不能把一個尚有生機的藝文範式又變成一個僵死的法式！

　　自明以至清末民初，中國的散文主要是在唐宋八家開掘的河道裡流著，但因為儒道的控制力太甚，使多數作家的創作難以進入審美自由的境界，在走向美的王國的路上，淵源最為久遠的散文，反落在造型藝術與詩的後面。

第二節　「文以載道」的反動

　　宋代六家，他們的生活與創作基本上是在北宋王朝還處在上升的時代，蘇軾的創作自由尚未受到多大的干擾，王安石還能在政治上提出「變法」，但是那個時代又處在中國封建社會走向衰落的大趨勢中，如德國偉大詩人歌德所說：一切倒退和衰亡的時代都會出現主觀的自

4　《書茅氏八家文選》，《小倉山房文集》卷三十。

我封閉的傾向[5]。宋朝已缺乏唐朝那種向外開拓的精神，轉而走上向外強屈服的道路，政治和外交困境，給整個社會抹上一層灰暗色彩，影響到人的思想與精神。有一部分知識份子，他們一方面企圖「挽狂瀾於既倒」，一方面又尋求內心的平靜或者説是求得心理的平衡，於是又潛心皈依于「古道」，他們覺得需要對這已傳之千年而效應漸微的「道」注入某些新的營養予以強化乃至宗教化，才能逆轉頹勢。由此，儒學的強化——道學便產生了。

　　道學，又稱「理學」，可説是吸收了儒學、道家、佛教三典中一切有利於鞏固封建統治的思想，又是以儒家政治、倫理、道德觀念為軸心的政教功利主義的理論體系。北宋和南宋的道學家使亙古之「道」有了更強烈的理論形態。周敦頤是宋代道學的先驅，他在《通書》裡所表現的道學理論觀，明顯地是為強化封建專制主義皇權服務的：「聖人在上，以仁育萬物，以義正萬民。天道行而萬物順，聖德修而萬民化；大順大化，不見其跡，莫知其然之謂神。故天下之眾，本在一人，道豈遠乎哉？術豈多乎哉？」（《順化》第十一）這種「道」，是徹頭徹尾的治人之道，並且又只是「一人」之道，連儒家之道少許的靈活性也全被抽掉了。邵雍、二程（程顥和程頤）和南宋的朱熹，都從不同的角度強化了這一封建統治之道，或以「心為太極」，「萬化萬事生乎心也」；或説「吾學雖有所授，天理二字，卻是自家體貼出來」；或大講「人心」必須服從「道心」，行道就是「存天理，滅人欲」，等等。自宋至明清所有道學家和理學家的「道」，都是將孔、孟儒家之道強化，將老、莊、《周易》及後來之佛道加以改造，實行「三教合一」而後推向反動。在這樣一種「道」的思想引導、作用之下，「道」與

5　參見《歌德談話錄》，人民文學出版社1978年版，第95-97頁。

「藝」「文」的關係也被推向完全對立，乃至最後完全抹殺了「藝」「文」的相對獨立性，而否定了「藝」「文」自身。

這種反動，首先就表現為向「明道」「貫道」的發難，見於周敦頤的《通書》第二十八：

> 文所以載道也。輪轅飾而人弗庸，徒飾也，況虛車乎？文辭，藝也；道德，實也，篤其實而藝者書之，美則愛，愛則傳焉，賢者得以學而至之，是為教。故曰：「言之無文，行而不遠。」……不知務道德而第以文辭為能者，藝焉而已，噫！弊也久矣。

這位道學家雖然寫過膾炙人口的《愛蓮說》，可謂有「文」矣，但是，他理論中的「文」，只是「文辭」，只是言語文字的修飾而已，是「藝」的行為本身而不是「藝」的結果，只如車輛起著載貨的作用，載與被載，文章的內容與形式被生硬地分割開來了。這樣，注意到了發揮「文」（藝）之能動作用的「明」與「貫」，都是「體用倒置」了！周敦頤輕視「以文辭為能者」，只是小技之「藝」，因此，人欲學文就不足為道，不是正人君子孜孜以求的東西，只要有「聖人之道入乎耳，存乎心，蘊之為德行，行之為事業」就足夠了，就是聖人之高徒了，「彼以文辭而已者，陋矣！」（《通書》第三十四）這就完全否定了文學作品的社會意義，連孔子所推崇的「教化」作用也不在他眼中了。

周敦頤一發難，便得到了當時和後來形形色色的道學家們積極的響應，而走得最遠的則有程頤為代表的「作文害道」說與以朱熹為代表的「文從道中流出」說。

程頤，就是那個悟得「天理」者，他與其弟程顥都是北宋著名的道學家，曾受業於周敦頤門下，他們的治學格言是「惟務養性情，其

它則不學」（《二程遺書》卷十八）。程頤所謂「學」，就是「使人求於內」，「使人求於本」（《二程遺書》卷二十五）。這「內」就是「性理」，「自家體貼出來的天理」。那麼「求於末」「求於外」是什麼呢？那是「一溺於文章，二牽於訓詁，三惑於異端」，學文章就是「學之三弊」之一，可見這位道學家思想之狹隘，甚至連孔子「行有餘力則以學文」的胸襟、趣味都沒有。他們為什麼這樣仇視文章呢？《二程遺書》卷十八有段話講得很露骨：

問：作文害道否？曰：害也。凡為文不專意則不工，若專意則志局於此，又安能與天地同其大也？《書》云「玩物喪志」，為文亦玩物也。

把曹丕推崇為「經國之大業」的文章，視為與「聲色犬馬」並列的「玩物」，並且在另一處又說，作文賦詩之人都不過是「治聲律，為祿利而已」，與小民「工技之事」無異，因此，他把「有高才而能文章」列為「人有三不幸」之一（另外兩不幸為「少年登高科」「席父兄之勢為美官」，尚有可取之「理」）（《二程遺書》卷十二）。我們記得，《禮記》〈學記〉中有「藏」「修」「息」「游」的治學方法，道學家在治學方面還不如儒家之教。

作文為什麼害道？其根本還不在於「文」本身。在程頤看來，世界上的「真理」，遠古聖賢和當今道學家已經窮盡了，別人作文「有之無所補，無之靡所闕」，只能寫出一些「無用之贅言」，既是「贅言」，「不得其要，則離真失正，反害於道必矣」（《答朱文長書》）！這樣說來，古今之人（除聖賢外）所作的一切詩文，都是有害之物，古今作家詩人「非俳優而何」？他把「有德者必有言」推向極致，剝奪了「有

德」的聖賢之外一切人「言」的權利，於是他把「唐人善論文」之韓愈和「愈之所稱獨高」的李白、杜甫，都予以否定。後來又說「退之晚年為文所得處甚多」，似乎是「學文而及道」，但也是不值得提倡的「倒學」（《二程遺書》卷十八）。他的學生楊時乾脆說，韓、柳古文「不詭於聖人蓋寡矣」[6]！連「倒學」也全盤否定了。

　　為什麼「文以明道」反是「倒學」，更「詭於聖人」呢？原來，韓愈「學文而及道」，是以「文」為主體，「明」與「貫」皆是以「道」為對象。道學家則認為，「道」是絕對的主體，豈能成為以文「明」之「貫」之的對象？他們要突出「道」的主體地位，於是貶「文」為奴僕，為工具。周敦頤以一個「載」字取代了「明」字「貫」字，「道」便成了坐車的主子，再也不「倒」了，於是「聖人」也順氣了。

　　朱熹是南宋時代的人，與周、程相距百餘年，他早年從其父朱松、其師李侗等人學習周、程學說，在「文」「道」關係方面，他似乎對「作文害道」這一極端之論有所變通，提出「文自道中流出」之說。但當我們仔細剖析一下，原來他不過是把「文」當成「道」的專利品，在文章領域內，推行「道」的專制主義。請看他在《答呂伯恭》裡如何說：

　　夫文與道果同耶異耶？若道外有物，則為文者可以肆意妄言而無害於道。惟夫道外無物，則言而一有不合於道者，則於道為有害，但其害有緩急深淺耳。

　　其實朱熹比程、周更徹底：「道外無物」，「文」根本不在「道」

6　《楊龜山先生集》卷二十五《送吳子正序》。

外，在「道」外者就不是「文」，因此，所謂「文」可以「貫道」或「載道」之提法，純屬多餘，等於承認了「道」外有「文」。他在回答陳才卿關於「文者貫道之器，且如六經是文，其中所道皆是這道理，如何有病」這一問題時説：

　　不然！這文皆是從道中流出，豈有文反能貫道之理？文是文，道是道，文只如吃飯時下飯耳。若以文貫道，卻是把本為末。以末為本，可乎？（《朱子語類》卷八）

　　其實，他是根本不承認「文」可以獨立於「道」之外而「文是文」，他反覆申述的是無道便無文，有道便有文，文便是道，道便是文：「發之於文者皆道也，三代聖賢文章皆從此心寫出，文便是道。」（《朱子語類》）乍看好像他在主張「文」「道」合一，殊不知「文」的觀念已完全異化，等同於「道」的教條，他將「文」認定唯「道」專有專制，所以只説「文皆是從道中流出」。在《讀唐志》中他又闡釋了為什麼説「道」便是「文」：

　　夫古之聖賢，其文可謂盛矣；然初豈有意學為如是之文哉！有是實於中則必有是文於外。如天有是氣，則必有日月星辰之光輝；地有是形，則必有山川草木之行列。聖賢之心既有是精明純粹之實，以磅充塞乎其內，則其著見於外者，亦必自然條理分明，光輝發越而不可掩。蓋不必托於言語，著於簡冊，而後謂於文；但自一身接于萬事，凡其語默動靜，人所可得而見者，無所適而非文也。

　　如果從內容美與形式美、意境美與文詞美諧和協調的審美要求來

説，這些話可以引申出一些藝術的道理。但是，朱熹的內容即「道」是一個特定的概念，其中有一殺手鐧是「滅人欲」，説穿了也就是泯滅人的一切具有欲望性質的感情。先秦大儒荀子説過：「情者，天之就也；性者，性之質也；欲者，情之應也。」（《正名》）可是道學家只以「理」為生物之本，以「氣」為生物之具，説什麼「人物之生，必稟此理，然後有性；必稟此氣，然後有形」，將人之「情」與「欲」抽掉了。劉勰認為，正因為人是「有心之器」，他有大自然所沒有的「情文」，才有「人文」而後可「化成天下」。朱熹之流，實質上也否定了自有人類文明歷史以來的「人文」！

正是頑固地堅持「道」專制於「文」的立場，所以朱熹對歷代作家詩人以至學者之文，一一加以貶評，先秦諸子除孔、孟之外，百家文章都是「背本趨末，不求知道養德以充其內」，雖然是「先有其實而後托之於言」，但因為「無本，而不能一出於道，是以君子猶或羞之」。至於宋玉、相如、王褒、揚雄那些文學作品，「則一以浮華為尚，而無實之可言矣」（《讀唐志》）。朱熹青年時代曾愛讀《楚辭》，曾對揚雄《反離騷》有過批評，對屈原有所辯護，但後來在《答呂伯恭》信中説：

屈、宋、唐、景之文，熹舊亦嘗好之矣。既而思之，其言雖侈，然其實不過悲秋、放曠二端而已。日誦此言，與日俱化，豈不大為心害？於是棄絕不敢復觀。

不但作文害道，學文也害道，道學家根本不需有任何審美的欲求。朱熹反對《楚辭》也是反對一切以抒情為特質的美感文學，對於「本朝」的蘇軾，他更是極諷刺、抨擊之能事，認為他找到了蘇文的

「大病處」：

今東坡之言曰：「吾所謂文，必與道俱」，則是文自文而道自道，待作文時旋去討個道來入放裡面，此時他大病處。只是他每常文字華妙包籠將去，到此不覺漏逗。說出他根本病痛所以然處，緣他都是因作文卻漸漸說上道理來，不是先理會得道理了方作文，所以大本都差。（《朱子語類》卷一三九）

朱熹關於「道」與「文」方面的種種言論，有時候也是有矛盾的，比如他對真正有文采的文章，又從「文是文」和「吃飯善下飯」的角度予以一定程度的肯定，比如：「東坡文字明快，老蘇文雄渾，盡有好處。如歐公、曾南豐、韓昌黎之文豈可不看？柳文雖不全好，亦當擇。……但采他好處，以為議論，足矣。」（《朱子語類》卷一三九）他在治學方面也向往「源頭活水來」。正因為朱熹比二程等人，「有更高的理論修養，而且有更高的文學修養，他研究過《楚辭》《詩經》和古文，撰有《詩集傳》《楚辭集注》，校刊了韓愈的文集，自己又能詩擅文，這就為他發展和提高道學家的文學理論提供了充足的條件。他的文學理論，更加深入地體現了道學思想，也盡可能地照顧了文學的特徵。因而既是一個荒謬的理論體系，又包含著不少可取的見解」[7]。朱熹有很多學生，繼續發揮他的「文皆是從道中流出」的論調，比如編過《朱文公年譜》的魏了翁說：「聖人所謂斯文，亦曰斯道云耳，而非文人之所以玩物肆情，進士之所以嘩眾取寵者也。」（《大邑縣學振文堂記》，《鶴山先生大全文集》卷四十）但無多少新意了。與朱同時

7　《中國文學理論史》第2冊，北京出版社1987年版，第397頁。

代的陸九淵，直接受二程「心為太極」的影響，宣揚「宇宙便是吾心，吾心便是宇宙」，言、文都是從「吾心」流出來，說「窮理盡性以至於命，這方是文」，他不過是以「吾心」取代朱熹的「天理」而已，是「文皆是從道中流出」的另一種說法。陸九淵有直接談及「道」與「藝」的言論：

> 主於道，則欲消而藝亦可進；主於藝，則欲熾而道亡，藝亦不進。以道制欲則樂而不厭，以欲忘道則惑而不樂。（《象山先生全集》卷二十二《雜說》）

> 棋所以長吾之精神，瑟所以養吾之德性。藝即是道，道即是藝，豈惟二物？於此可見矣。（《語錄》下）

這不過是從行為角度而論，舍「道」之外便無所謂「藝」了。「欲消」「欲熾」之說，是要完全排除藝的行為中人的情感作用。對「藝」的高度抽象而等同於「道」，否定表現情感的文藝為「藝」，這種所謂「道藝合一」的觀點，與文學藝術家所嚮往的「道藝合一」的審美境界，完全是兩碼事。

第三節　「道」向敘事文學的投影

在盛唐隆宋之後，正統的詩文實際上在逐漸走向衰落，作為市民文學的小說戲曲逐漸興起，宋朝已開始出現「平話」之類的白話小說，戲曲方面的著作則可追溯到唐代的《教坊記》與《樂府雜錄》，涉及了民間藝人的「技藝」。戲曲和小說本來就是比較純粹的娛樂藝術，不入

上流的。班固在《漢書》〈藝文志〉就說：「小說家者流，蓋出於稗官。街談巷語，道聽塗說者之所造也。……如或一言可采，此亦芻蕘狂夫之議也。」

　　小說和戲曲首先在民間流傳時，重藝術的表現而本不求體現什麼「道」，初到文人手裡，文人的創作也比較自由，如元代關漢卿、王實甫等人的劇作，就不太受儒道的挾制，關漢卿敢於突破儒家「怨而不怒」的審美規範，而讓遭冤的竇娥罵出：「地也，你不分好歹何為地？天也，你錯勘賢愚枉做天！」王實甫敢於突破「樂而不淫」的儒家審美規範，寫出了沖決封建禮教羅網、追求婚姻自由的《西廂記》。但是，當這些藝術樣式在民間所發生的影響日益擴大，引起統治者和文人們的注意時，情況就開始發生變化，小說和戲劇很快被納入了「風教」工具之列，將「文以載道」的模式強加給這些原有野性的藝術。明朝開國之初，朱元璋便規定「文章宜明白顯易，通道術」，這一原則也適用於戲曲創作和表演，不是宣揚「義夫節婦，孝子順孫，勸人為善者」，都勒令禁演（見《禦制大明律》）。元末戲劇家高則誠的《琵琶記》便被當作第一個「樣板戲」推出來，因為這部作品「休論插科打諢，也不尋宮數調，只看子孝共妻賢」，是「有益於風化」的作品。朱元璋高度評價道：「五經四書，布帛菽粟也，家家皆有；高明《琵琶記》，如山珍海錯，貴富家不可無。」[8] 由一個皇帝出面提倡，自然被恪守儒道的正統文人奉為圭臬，於是「返古感今，以飾太平」，或對「人心風教有感移之功」，便成為戲曲作品的常見主題，仁義之道濃重投影於戲曲的故事情節、人物活動之中。這種投影又很快在戲曲理論中定格下來。明、清兩部系統的戲劇理論著作——王驥德的《曲律》和李

8　轉引自徐渭：《南詞敘錄》。

漁的《閒情偶寄》中，都有強調性的論斷。《曲律》中多處提出戲曲劇本要「持大頭腦」，這「大頭腦」就是「有關世教文字」，認為一劇之本，「不關風化，縱好徒然」，因此他表揚《琵琶記》善「持大頭腦」，而對於《拜月記》寫兩對青年男女，經過種種悲歡離合的波折而結合為兩對夫妻的故事，也認為「衹是宣淫，端士所不與也」。李漁在《閒情偶寄》裡專寫了「戒諷刺」一節，他主張「傳奇之作」，不能以「諷刺」為主旨，「諷刺」是以筆殺人，是極不道德的事。他說：

> 窺傳奇一書，昔人以代木鐸，因愚夫愚婦識字知書者少，勸使為善，誡使勿惡，其道無由，故設此種文詞，借優人說法，與大眾齊聽，謂善者如此收場，不善者如此結果，使人知所趨避；是藥人壽世之方，救苦弭災之具也。

原來，「傳奇」（戲曲）不過是演示給老百姓看的另一種「載道」文章，宣傳仁義道德的一種通俗樣式。他告誡作家「務存忠厚之心」，使自己的作品能夠傳之後世，不是憑文字傳，而是「一念正氣使傳也」，如《五經》《四書》《左傳》《國語》……那樣。這種「勸善」模式的確立，不就是「明道」「載道」之說改頭換面的出現嗎？因此，明、清大多數戲劇作品都以「勸善懲惡」為先行主題，結構上大都以「大團圓」為結局，有的還赤裸裸宣示宋明理學「存天理、滅人欲」之道，比抽象的理論文章更為形象罷了。

小說理論大致也是如此，明、清盛行的歷史小說與史傳散文有著密切的聯繫（馮夢龍在《古今小說序》中指出「史傳散而小說興」），這樣，小說雖與「載道」之文有一定的距離，但在理論上擺脫不了「其道足以適天下之用」的影響，因此如戲劇強調「關風化」一樣，即使

言情小說，也標榜「警世」「訓世」「醒世」的職責，至於那些封建性說教，如《今古奇觀》序中所強調的「訓人以至常」（「仁義禮智，謂之常心；忠孝節烈，謂之常行；善惡果報，謂之常理；聖賢豪傑，謂之常人」）、「共成風化之美」，對小說創作產生了更頑固、更消極的影響。

　　總的說來，給戲劇與小說這種「道」的投影，直接的影響來自上層文壇上焉者「文以明道」、下焉者「文以載道」的散文理論。但戲劇、小說在文體方面與散文有很大的區別，它們是兩種純文學樣式（散文始終處於雜文學範疇之中），即使是「明道」觀念最強烈的作家，他們也明白這「道」不能直接作用於觀眾和讀者的理性，首先是作用於感性，這就是寓教化於娛樂之中，將道德觀念溶解於審美情趣之中。因此，儒家之道就演變為「勸善懲惡」的具象性演示，並且主要是通過戲劇小說中的人物行為展示出來，這樣，藝術性表現較之散文來說遠為重要。明代的戲劇理論中，「主教化」「倡藻繪」「重格律」三者合一，成為發展的主流。清代小說理論中，則對於勸懲作用必須依靠小說的藝術性才能發揮，有更進一步的認識，如靜恬主人《金石緣序》說：「小說何為而作也？曰：以勸善也，以懲惡也。……但作者先須立定主見，有起有收，回環照應，一點清眼目，做得錦簇花團，方使閱者稱奇，聽者忘倦。」這種勸懲作用，主要是在潛移默化之間去實現，睡鄉祭酒的《連城璧序》對此闡述得很明白、很生動：

　　迷而不知悟，江河日下而不可返。此等世界，懲不能得之於夏楚，勸亦不能得之於道鐸。每在文人筆端；能使好善之心蘇蘇而動，惡惡之念油油而生。……極人情詭變，天道渺微，從巧心慧舌，筆筆鉤出，使觀者於心焰熛騰之時，忽如冷水浹背，不自知好善心生，惡

惡念起。

　　正是因為小說有這種藝術的力量，所以連作為政治改革家和學識淵博的學者梁啟超，也把「欲新一國之民」的重任寄希望於小說，「小說有不可思議之力支配人道故」（《論小說與群治之關係》）。

　　如果說，散文理論給了敍事文學以模式性影響的話，那麼，對於敍事文學的藝術創造給予影響的則是繪畫與詩歌，畫藝與詩藝在戲劇、小說中是滲透性與轉換性的。

　　因為戲劇中有大量的唱詞，唱詞是可歌唱的詩詞，所以戲劇便與詩歌有天然的聯繫。戲劇中的唱曲，實為「言之不足故嗟歎之，嗟歎之不足故永歌之」的回歸。元代文學家有關專論戲曲的文章中，指出戲曲的表演是「或有關於諷諫而非徒一時耳目之玩也」，這就將儒家詩歌的「諷諫」說引進了戲曲理論。明朝的王世貞則乾脆將戲曲的出現與發展也納入抒情文學發展的序列，他說：「《三百篇》亡而後有騷、賦，騷、賦難入樂而後有古樂府，古樂府不入俗而後以唐絕句為樂府，絕句少婉轉而後有詞，詞不快北耳而後有北曲，北曲不諧南耳而後有南曲。」（《曲藻》）戲曲成了詩的一種變體。的確，中國的古典戲曲，也可說是相當於西方的詩劇。真正吸收詩歌理論之精華而轉換為戲劇理論而最力的是湯顯祖。雖然王世貞在他的戲曲評論中已提出戲曲表演要能夠「動人」「使人墮淚」，但還沒有十分強調戲曲創作就是要表現「情」。湯顯祖就特別重視「情」在戲劇中的作用，說他的《南柯記》和《邯鄲記》都是「因情成夢，因夢成戲」；在《牡丹亭記題辭》裡說，他創造了一個「有情人」杜麗娘的形象，「情不知所起，一往而深，生者可以死，死可以生」，這是「情之至也」。他認為，凡是「至情」之作，不能「以理相格」，按「理」來說必定沒有的，以「情」來

度量卻可能是必有的。他揭示了戲劇創作中存在著「情」與「理」的矛盾，這無異於將《滄浪詩話》中「詩有別趣，非關理也」，「不涉理路，不落言筌」直接用於指導戲劇創作。他也把詩論與畫論中「神」的觀念引進來：「世總為情，情生詩歌，而行於神」（《玉茗堂文之四》〈耳伯麻姑游詩序〉），對戲劇人物創造的審美標準是「神情合至」：「不在步趨形似之間，自然靈氣，恍惚而來，不思而至。」（《玉茗堂文之五》〈合奇序〉），這可說是「戲而入神」了。可能正是這種詩化的戲劇觀，使湯顯祖成為中國戲劇史上最偉大的戲劇家，他與同時產生於英國的莎士比亞有驚人的相似之處，都是傑出的戲劇詩人。《牡丹亭》作為戲劇中的「言情」之作的典範，對後世戲劇創作的影響和戲劇藝術走向成熟的影響，是非常巨大的。清代著名戲劇家洪昇評論《牡丹亭》「自生而死、自死而生」的情節結構時說：「其中搜抉靈根，掀翻情窟，能使赫蹄為大快，逾糜為造化，不律為真宰，撰精魂而通變之。」他根據自己創作《長生殿》的實踐經驗而確認：「從來傳奇家，非言情之文不能擅場。」[9]

小說也是如此。小說中的人物描繪技巧，更多地吸收了繪畫中的「傳神」之術，據說施耐庵寫《水滸傳》之先，請畫家畫出一百零八個人物形象，每日揣摩，這些人物在他心目中活起來了，然後進入傳神描寫之途。李贄評《水滸傳》等小說「妙處只是個情事逼真」，葉畫對《水滸傳》第十回的總評中說：「《水滸傳》文字原是假的，只為他描寫得真情出，所以便可與天地相終始。即此回中李小二夫妻兩人情事，咄咄如畫。」又說《水滸》的妙處「都在人情物理上」。小說藝術在自身發展中所產生的新的藝術觀念，主要集中在如下幾個方面：其

9　參見《三婦評〈牡丹亭〉雜記洪之則跋》和《長生殿》〈自序〉。

一，歷史真實、生活真實與藝術真實的關係；其二，人物性格的開掘與人物形象的創造；其三，敘事方法與描寫的技巧；其四，小說語言「雅」與「俗」的關係。這四個方面是詩歌、繪畫理論中涉及較少或涉及不深的，由於小說家的藝術實踐，而形成了獨特的小說藝術理論。但有些基本理論，又是與詩、畫相通的，如中國小說理論中沒有「典型環境」的觀念，但它借用了詩的「境界」觀念。比如《紅樓夢》所呈現的環境，實在是一個詩的境界：有虛境（太虛幻境），有與之相對應的實境（大觀園），而虛、實二境的融合，正是曹雪芹和小說中人物的心境、情境。曹雪芹不斷通過詩、詞來深化這些境界，使整個《紅樓夢》昇華到一個具有深刻歷史和哲理蘊含的總體意境之中。《紅樓夢》中的藝術形象幾乎是個個「入神」。過去，舊紅學家將賈寶玉視為作者的化身，作為一種審美直觀感受是不能責難此說的，但由此生出「自傳」說，從而又有一系列牽強附會的考證，那就誤入歧途了。殊不知這正是曹雪芹在創造藝術形象時，實現了審美主體物件化這一高層次的審美追求（曹雪芹淡於儒道使他能及於此）。他的家世經歷雖有類似書中描寫的種種情形，但他憑藉藝術的力量超越了自身，在自己的主要審美創造物——賈寶玉身上實現了自己，創造了一個蘊含自己的本質力量，又與自己「神」合而貌異的藝術形象，讀者從賈寶玉身上觀照曹雪芹的精神世界，是無可無不可的！由此我們是否可以這樣說，沒有自魏晉、唐宋以來詩、畫創作的高度成就與實現了美學意義成熟的詩、畫藝術觀念，便不可能產生《牡丹亭》和《紅樓夢》這樣的敘事文學之瑰寶！在敘事文學中，儒道雖時有或濃或淡的投影，但詩、畫藝術滲透和轉換性的影響成為一種內力的作用，終於使中國的純文學陣容空前地壯大了。

第八章

「道」與「藝」：正統觀念的突破與昇華

　　我們已經對造型藝術、詩、文三大領域內的「藝」「道」關係逐一進行了考察，發現只有文的領域內，「道」的觀念被儒家思想浸染最深。自韓愈提倡「文以明道」以來，雖然柳宗元取「道」較廣，蘇軾在其創作實踐中表現出了反對「道」對「文」的束縛，但接著又有推向極端的程、朱理學出現，不光是對文人與文章的思想控制更加嚴密，更加趨向教條化，而且，對於「藝」與「文」的認識也大大地倒退，所謂「以文辭為能者，藝焉而已」，將文學藝術家精神性的藝術勞動，將創造一切美的事物的崇高行為，貶低到普通技能的地位，造成了「道」與「藝」的完全對立，乃至最後完全抹殺了「藝」「文」相對的獨立性而否定了「藝」「文」自身。

　　但是，物極必反，「存天理，滅人欲」的扼殺人性之論，終究束縛不了一個富有創造活力的偉大民族的思想與精神，經宋而元至明，中國的城市市民階層逐漸崛起，商品經濟在不斷發展，資本主義思想終

於在這塊古老的封建土壤裡破土萌芽了。經濟基礎發生變化，勢必引起人們思想的震盪，儒學之極端程、朱理學遇到懷疑和反抗，進而出現了沖決突破整個儒道的勢頭。同時，自明至清，一部分有才華的作家藝術家，對於「藝」「文」地位的被貶低，也作出了相應的對抗姿態，即在整個文學領域內，提高「藝」的地位。「藝與道合」從此也適用正統的「古文」，於是歷來被儒家視為「下學」之「藝」的觀念，也得到了昇華；一個完整的、適應於表述作家藝術家精神行為的「藝術」觀念，歷史地確認了。

第一節　「道」「理」觀念的突破

　　文學觀念的變革，往往有賴於哲學思想的變革為先導。首先向程、朱理學發起強而有力挑戰的，就是明代中葉著名的哲學家王陽明，他通過自己的實驗否定程、朱「格物」可「知天理」的「道論」，改承陸九淵「宇宙便是吾心，吾心便是宇宙」的改良之說，提出「知是心的本體，心自然會知」而獨標「心學」。「心學」的哲學本質是主觀唯心主義，但在當時「天理」道學的籠蓋中，卻有著解放人性、啟動人心、人欲的意義。王陽明宣稱：「自己良知原與聖人一般，若體認得自己良知明白，則聖人氣象不在聖人而在我矣。」（《傳習錄》中）他把目光深入到了普遍的人性範疇，乃至說，「與愚夫愚婦同的，是謂同德；與愚夫愚婦異的，是謂異端。」（《傳習錄》下）從這些話中我們可以感覺得到，那桎梏於「天理」之下的愚夫愚婦的人心正要崛起。果然，一些本屬「愚夫」階層的「灶丁」、農民、樵夫，接受並發展了王陽明的學說，形成了一個被後人稱為「王學左派」的泰州學派，這一學派從王陽明「心學」出發，走到了孔、孟、程、朱的對立面，於

是「萬曆以後，心學橫流，儒風大壞，不復以稽古為能事」（《四庫全書總目》卷一二三）。《明儒學案》〈泰州學案〉中如此描述王學左派：

　　陽明先生之學有泰州、龍溪而風行天下，亦因泰州、龍溪而漸失其傳。泰州、龍溪時時不滿其師說，益啟瞿曇之秘而歸之師，蓋躋陽明而為禪矣。……泰州之後，其人多能以赤手搏龍蛇。傳至顏山農、何心隱一派，遂復非名教所能羈絡矣。……諸公掀翻天地，前不見古人，後不見有來者。釋氏一棒一喝，當機橫行；放下柱杖，便如愚人一般。諸公赤身擔當，無有放下時節，故其害如是。

　　「泰州」就是指煮鹽灶丁出身的王艮，他是泰州學派的創始人，他企圖從根本上突破傳統儒道的觀念，説「聖人之道無異于百姓日用，凡有異于百姓之日用者，皆謂之異端」（《語錄》），而百姓日用之道就是「良知」，這是「不假安排」人人處有的天性。他的兒子、李贄的老師王襞説：「鳥啼花落，山峙川流，饑食渴飲，夏葛冬裘，至道無餘蘊矣。」（《明儒學案》卷三十二）這就是指自然之勢，人性之欲，合而為「道」，儒家之道的神聖光圈被他一口氣吹掉了。

　　王學左派中走出了一個傑出的思想家和文學家──李贄。他曾就學於王艮之子，將王艮父子的學説推向了一個新的高度。李贄關於「道」的觀念，純粹是叛逆性的，他認為「穿衣吃飯即是人倫物理」（《答鄧石陽書》），「道本不遠人，而遠人以為道者，是故不可以語道。可知人即道也，道即人也，人外無道，而道外亦無人」（《明燈古道錄》卷上）。又説：「以率性之真推而擴之，與天下為公，乃謂之道。」（《答耿中丞》）他反對程、朱把「理」「道」説成可以脱離事物而單獨存在，説「道之在人，猶水之在地」，更有意思的是他力駁韓愈所謂「軻死道

不得其傳」的謬說：「……自秦而漢而唐，而後至宋，中間以及五代，無患千數百年。若謂地盡不得泉，則人皆可死久矣。若謂人盡不得道，則人道滅久矣。何以而能長世也？」（《德業儒臣前論》）李贄取發此「異端」之說，就是有了獨立的思考，不再「以孔子之是非為是非」，他明確宣佈自己是「天生一人，自有一人之用，不待取給孔子而後足也」（《答耿中丞》）。李贄的言論中，煥發出一個真正的人、獲得了個性解放的人的充實的光輝。

李贄的先進哲學思想，也貫穿在他所涉及的文學活動中，對於當時和以後文學藝術領域內突破「明道」「載道」觀念，具有強大的衝擊力，有不少作家和藝術家受到了他的啟迪和影響，共同使正統的「道」的觀念逐步走向瓦解，蛻變出新的文學觀念。明朝後期，文壇上掀起了一個聲勢壯觀的文學解放思潮，李贄與直接受他思想影響湯顯祖、公安「三袁」，高舉起「童心」「情致」「性靈」三面大旗。

李贄在文學理論方面最著名的「童心」說，是他在斬斷儒道對人性的束縛，強烈要求個性解放、個性自由的思想基礎上提出來的。何謂「童心」？他說：

夫童心者，真心也。若以童心為不可，是以真心為不可也。夫童心者，絕假純真，最初一念之本心也。若失卻童心，便失卻真心；失卻真心，便失卻真人。人而非真，全不復有初矣。（《童心說》）

李贄之所以標舉「童心」，目的在於排除程、朱之「理障」。人在幼時，有聞有見從耳目入，如果以外在之聞見充塞於心而失去自己的判斷，童心就開始受到戕害。長大了，見多識廣，讀書知義，如果沒有自己個人的見解，以他人和書本上的義理橫互於胸，那麼童心便完

全喪失。「童心既障，於是發而為言語，則言語不由衷；見而為政事，則政事無根底；著而為文辭，則文辭不能達」，這就是「以從外入者聞見道理為之心也」。這個「理障」，最早形成於《六經》《論語》《孟子》，不是史官過為褒崇之詞，便是臣子極為讚美之語，「又不然，則其迂闊門徒，懵懂弟子，記憶師說，有頭無尾，得後遺前，隨其所見筆之於書。後學不察，便謂出自聖人之口也，決定目之為經矣，孰知其大半非聖人之言乎？」李贄斷然宣布，那些所謂「經」書，都是「道學之口實，假人之淵藪也，斷斷乎其不可以語於童心之言明矣」。

　　在人與人之間不斷發生各種關係的社會裡，真正純而又純的「童心」是沒有的。李贄的「童心」說可能受到老子「嬰兒」說的啟發，但又實有不同，老子講「嬰兒」是指原始素樸的人性，發展程度很低，李贄的「童心」雖然也是指人的自然本性，但他不否定歷史地發展了的「人欲」（他說過「人必有私」也是「自然之理」），所以他的「童心」實質上又包含了解放人性、解放人欲的要求，並不是回到原始狀態，其內核是「真」，「一念之本心」「真心」，這對於批判舊事物、舊制度，追求新的歷史變革，具有啟蒙的意義。以「童心」說來指導詩文創作，由「童心」而推及作家在作品裡須表現自己的真性情有非常的意義。為此，他先側面地揭露朱熹「文皆從道中流出」的虛偽性：

　　夫既以聞見道理為心矣，則所言者皆聞見道理之言，非童心自出之言也。言雖工，於我何與，豈非以假人言假言，而事假事、文假文乎？蓋其人既假，則無所不假矣。由是而以假言與假人言，則假人喜；以假事與假人道，則假人喜；以假文與假人談，則假人喜。無所不假，則無所不喜。滿場是假，矮人何辯也？

這番話，道出了李贄對假道學的深惡痛絕。他還在另一篇文章裡畫出了一些道學家的醜態：「孔子之為聖，效之則為顰，學之則為步，醜婦之賤態」（《何心隱論》），假文假語令人作嘔！「絕假求真」，天下才有好文章，古代也有「天下之至文」，但多被假人湮沒了而不盡見於後世，因此，今人應該作出「天下之至文」，只要「童心常存」——

　　道理不行，聞見不立，無時不文，無人不文，無一樣創制體格文字而非文者。詩何必古選，文何必先秦？……

依照這一原則進行寫作，「有感於童心者之自文」，那就不管什麼樣的文體都可以有「至文」，近體詩文、院本雜劇、傳奇小說，無所不可，無所不能。李贄就這樣把「明道」「貫道」「載道」從文學藝術的「輪轅」之上通通摔掉！

李贄的審美觀念，因為從「童心」出發，他追求的便是「真」與「神」。關於「真」，他說：「世之真能文者，比其初皆非有意於為文也。」為「至文」就必須動真感情，胸中有如許無狀可怪之事，喉間有如許欲吐不敢吐之物，口中又時時有話想說而又無處可訴說，「蓄極積久，勢不能遏」，於是，「一旦見景生情，觸目興歎；奪他人之酒杯，澆自己之壘塊；訴心中之不平，感數奇於千載」（《焚書》卷三《雜述・雜說》）。這就是說，「文」從人的真性情中流出來，「惟矯強乃失之，故以自然之為美」。自然而真，就自然而美：

　　性格清澈者音調自然宣暢，性格舒徐者音調自然疏緩，曠達者自然浩蕩，雄邁者自然壯烈，濃郁者自然悲酸，古怪者自然奇絕。……然則所謂自然者，非有意為自然而遂以為自然也。若有意為自然，則

與矯強何異。故自然之道，未易言也。(《焚書》卷三《雜述·讀律膚說》)

　　至於「神」，是由自然率真而進入更高的審美境界，李贄對於蘇東坡「論畫以形似，見與兒童鄰」和晁以道「詩傳畫中意，貴有畫中態」之論畫詩加以引申：「畫不徒寫形，正要形神在；詩不在畫外，正寫畫中態」，他認為繪畫與詩，都可以「絕藝入神」(《焚書》卷五《讀史》〈詩畫〉)。他對「入神」有另一講法，那就是「化工」，在評論《拜月》《西廂》《琵琶》三部戲劇作品時，將前兩部譽為「化工也」，後者則是「畫工」。「化工」與「畫工」有何區別呢？

　　所謂「畫工」，就是作品講究「結構之密，偶對之切；依於理道，合乎法度；首尾相應，虛實相生」。《琵琶記》的作者高則誠為了宣揚「子孝共妻賢」的封建倫理道德，將表現物件「殫其力之所能工……窮巧極工，不遺餘力，是故語盡而意亦盡，詞竭而味索然亦隨以竭」。李贄對這種「畫工」評論道：「吾嘗攬《琵琶》而彈之矣：一彈而歎，再彈而怨，三彈而向之怨歎無復存者。此其故何耶？豈其似真非真，所以入人之心者不深耶！蓋雖工巧之極，其氣力限量只可達於皮膚骨血之間，則其感人僅僅如是，何足怪哉！」而「化工」之《西廂》《拜月》乃不如是。所謂「化工」者：

　　今夫天之所生，地之所長，百卉具在，人見而愛之矣，至覓其工，了不可得，豈其智固不能得之歟！要知造化無工，雖有神聖，亦不能識知化工之所在。……追風逐電之足絕不在於牝牡驪黃之間；聲應氣求之夫，絕不在於尋行數墨之士；風行水上之文，絕不在於一字一句之奇。(《焚書》卷三《雜述》〈雜說〉)

天地自然之「造」，人不見一切「工」之痕跡，一切是自然而成，這就是「造化無工」。作家要去「模仿」、刻畫，一露痕跡，便只是「畫工」了，已落二義。怎樣才能臻至「化工」之境呢？這就要求作家「小中見大，大中見小，舉一毛端建寶玉，坐微塵裡轉大法輪」，作品之蘊涵有「無盡藏不可思議」，《西廂記》《拜月亭》，其神妙就在於「意者宇宙之內，本自有如此可喜之人，如化工之於物，其工巧自不可思議爾」（《焚書》卷三《雜述》〈雜說〉）。

但也要指出：「化工」與「畫工」都有「工」，對於作家和畫家來說，就是藝術技巧有高下優劣之別，「絕藝入神」當是「化工」，「入神」又是合於自然之道而「得手應心」，所以李贄也說：「凡藝之極精者，皆神人也」（《逸少經濟》），又說「造聖則聖，入神則神，技即道耳」（《樊敏碑後》）。後來，李贄的好友焦竑又發揮了「絕藝入神」的思想。焦竑強調文藝創作「不得其神，未可論其法」，此「神」的審美形態是「脫棄陳骸，自標靈采」（《澹園集》〈與友人論文〉）。下面這段話，也是在闡述「畫工」與「化工」之別：

一技所得雖以藝自列，然必妙解投機，精潛應感，則械用不存而神者受之，詎可以轍跡求哉？制義以傳聖言，有若畫，然以似為工。今夫眷墨設色，摹形取類皆案物得之，豈知妙悟者索之造物之先？凡賦形出象觸之天機，得其見於胸中者，濃纖疏淡分佈而出矣，然後假之手而寄色焉，斯進於技而已。（《書葛萬悅制義》）

所以，「化工」主要是「造其懸解，取其成於心」，文章之技巧，必須是由作家的精神、心靈所決定而發揮作用，這裡不存在「道本技末」的問題，而是「道」與「藝」在心中的融合，互為體用。

　　繼李贄之後，在文學藝術領域內對「道」的觀念突破有力的，是戲劇大師湯顯祖。湯顯祖獨標一個「情致」說，他突出地強調人之情的內力和作用，藐視「理」的權威和功能，文學創作要以「情」為本體，不以「道」與「理」為本體。他的「情」，一方面與道學家所講的「理」對立，另一方面又與封建禮教之「法」相對立。湯顯祖「情致」說的鋒芒所向，就是沖決封建「理」「法」的羅網而追求個性的解放與自由。請看他以自然之「勢」比擬人的情感勃發之「勢」：

　　萬物當氣厚材猛之時，奇迫怪窘，不獲急與時會，則必潰而有所出，遁而有所之。常務以快其慉結，過當而後止，久而徐以平，其勢然也。是故沖孔動楗而有屬風，破隘蹈決而有潼河，已而其音泠泠，其流紆紆。氣往而旋，才距而安，亦人情之大致也。情致所極，可以事道，可以忘言，而終有所不可忘者，存乎詩歌序記詞辯之間，固聖賢之所不能遺，而英雄之所不能晦也。（《玉茗堂文之三》〈調象庵集序〉）

　　人要抒發「慉結」在心中的感情，如風、如水的流沖一樣，是自然而然的事，這裡，沒有另外的「道」或「理」在。湯顯祖在《沈氏弋說序》中又說過，理、勢、情，固然是「乘天下之吉凶，決萬物之成毀」的，但其作用並不是一致的，「事固有理至而勢違，勢合而情反，情在而理亡」，此中「常有精微要眇不可告語人者」。大體可以分辨的是：「是非者，理也；重輕者，勢也；愛惡者，情也。」但三者不能「並露而周施」，「情」與「理」常常是矛盾的，立言者雖如司馬遷之才，也常常會「溢此遺彼」。

　　湯顯祖充分認識到世間社會人事的「情」與「理」存在著矛盾，

説「情有者，理必無；理有者，情必無，真是一刀兩斷語」（《寄達觀和尚》），因此文學創作中不是趨向消融這種矛盾，而是對這樣的矛盾加以藝術處理，使之加劇和更為突出。他的「臨川四夢」，就是形象地表現「情在而理亡」，在《牡丹亭記》〈題辭〉中説：

　　天下女子有情寧有如杜麗娘者乎。夢其人即病，病即彌連，至手畫形容傳於世而後死。死三年矣，復能溟漠中求得其所夢者而生。如麗娘者，乃可謂之有情人耳。情不知所起，一往而深，生者可以死，死可以生。生而不可與死，死而不可復生者，皆非情之至也。夢中之情，何必非真？……

　　湯顯祖之所以喜歡寫夢，並且都是「因情成夢」（如《邯鄲記》則以利祿之情欲而成夢），因夢成戲，他是以「夢」而超脱現實生活中所謂「常理」，創造出「有情之天下」的藝術境界，超越「有法之天下」的現實社會，也就是對所謂「道學」實行徹底的超越，〈題辭〉的結語是：

　　嗟夫，人生之事，非人世所可盡。自非通人，恒以理相格耳。第云理之所必無，安知情之所必有邪！

　　這是對「滅才情而尊吏法」的「今天下」勇敢地挑戰！
　　湯顯祖以戲劇創作的實踐，實現了對傳統的「道」與「理」觀念的突破，繼而推及詩和其他敍事文學的創作，對於小説創作的影響從《紅樓夢》中可以看出來，《牡丹亭豔曲警芳心》絕不是曹雪芹順手拈來，林黛玉「心下自思：『原來戲上也有好文章，可惜世人只知看戲，

未必能領略其中趣味」」。這也表明了曹雪芹對《牡丹亭》的讚賞，《紅樓夢》不也是寫一個「情」字嗎？多情公子賈寶玉對假道學恨之入骨，也是曹雪芹輕「道」、蔑「道」的曲折表現。《牡丹亭》與《紅樓夢》是中國文學史上對「道」的傳統觀念突破之後，產生的兩部輝煌巨著，絕非偶然的歷史現象和文學現象。

公安「三袁」，即袁宗道、袁宏道、袁中道三兄弟，也是李贄文學思想的擁護者和實踐者。袁宗道在《與李卓吾書》中云：「不佞讀他人文字，覺懣懣；讀翁片言隻語，輒精神百倍。」與湯顯祖亦頗相如，《與湯義仍書》說：「以弟觀足下，如《世說》所列『文學』『豪爽』『言語』，蓋總具之，所取亦已太過；宦路升沉，自不必論。」「三袁」之中，袁宏道的文學成就最高，他思想更為激進，突破孔、孟、程、朱之道的束縛而獨標「性靈」的就是他。

對於正統之道的不滿和反抗，其端倪已見於袁宗道《士先器識而後文藝》，我們注意到他所謂「器識」，並不是由「器」而識儒家之道，這篇文章裡他隻字不提孔孟，先王之道的「識」，他強調的是作家的知識積累與精神修養：

故君子者，口不言文藝，而先植其本。凝神而斂志，回光而內鑒，鍔斂而藏聲。其器若萬斛之舟，無所不載也；若喬岳之屹立，莫撼莫震也；若大海之吐納百川，弗涸弗盈也。其識若登泰巔而瞭遠，尺寸千里也；若鏡明水止，纖芥眉須無留形也；若龜蔔著筮，今古得失，凶吉修短，無遺策也。

先有器識而後能文藝，這個立論是很正確的，文藝家必須具有一定的才、識、膽、力（後來葉燮在《原詩》中著重論述了這個問題），

才能創造出優秀的藝術品，這不能憑一些「天理」「人道」的死學問。袁宗道因此還指出：「器識文藝，表裡相須，而器識狷薄者，即文藝並失之矣。」其弟袁巨集道，便是一個器宏識卓的人物，他自稱：「大丈夫獨往獨來，自舒其逸耳，豈可逐世啼笑，聽人穿鼻絡首？」他的「性靈」說也正是在他強烈追求個性解放的思想感情態勢中迸發出來，這個「性靈」不同於劉勰在《文心雕龍》中屢屢提到的「性靈」，而是以人「各任其性」為前提，此語首見於《敍小修詩》：

　　大都獨抒性靈，不拘格套，非從自己胸臆流出，不肯下筆。有時情與境會，頃刻千言，如水東注，令人奪魄。其間有佳處，亦有疵處。佳處自不必言，即疵處亦多本色獨造語。然余則極喜其疵處，而所謂佳者，尚不能以粉飾蹈襲為恨，以為未能盡脫近代文人氣習故也。

　　這段話的重心就在於「獨抒性靈，不拘格套」，更其獨到之處是寧喜「疵處」而不以「佳處」為然。所謂「獨抒性靈」，關鍵是在於表現個人情性之真，「性之所安，殆不可強，率性而行，是謂真人」（《識張幼於箴銘後》）。而發之於詩、文，則是「以審單家書之筆，發以真切不浮之意」，而做到「無一字不真」（《與江進之》）。這樣的「真」，又出自作家個人之獨識己見，「決不肯從人腳根轉」，「不肯拾人一字」。在《與張幼于》信中特意申明「見從己出」，破除正統儒家詩教文統的意義：「昔老子欲死聖人，莊子譏毀孔子，然至今其書不廢。……何者？見從己出，不曾依傍半個古人，所以他頂天立地！」他還進一層指出，只有孕於真性情之己見，才是詩、文真正的「質」，才能激發作家的靈感而「獨抒」，在《行素園存稿引》中他自述自己的創作經驗：先是「博學而詳說」的胸中積蓄，「久而胸中渙然，若有所釋焉」，把

各種識見融會貫通，充實自己的精神。「一變而去辭，再變而去理，三變而吾為文之意忽盡，如水之極於淡，而芭蕉之極於空。」但這時還不有意為文，只感到有一種創作的欲望在隱隱躍動，待到「機境偶觸，文忽生焉。風高響作，月動影隨。天下翕然而文之」。這種「機境偶觸」與嚴羽的「妙悟」說是相通的，是情性、見識、興趣、韻致等等的渾然統一，正是「入神」的契機所在。

　　「不拘格套」是「獨抒性靈」的必然結果，也是蘇軾「隨物賦形」說的理論性發揮，袁宏道「不拘格套」還有他反傳統格局的獨特意義，在《序小修詩》中特別指出「怨而不怒」「哀而不傷」的格局完全有突破的必要，實際上屈原早就突破了：

　　且《離騷》一經，忿懟之極，黨人偷樂，眾女謠啄，不揆中情，信讒齎怒，皆明示唾罵，安在所謂怨而不傷者乎？窮愁之時，痛哭流涕，顛倒反復，不暇擇音，怨矣，寧有不傷者？

　　這是千載之後而駁班固貶斥《離騷》之論，向儒家詩教公然的挑戰。在藝術上他主張「情至之語」，但恐不達，不恐「太露」，這就是前面所說他反喜「疵處」的真正原因。他反對任何形式的舊套子，也反對新套子。在《答李元善》中就指出：「文章新奇，無定格式。只要發人所不能發，句法、字法、調法一一從自己胸中流出，此真新奇也。近來有一種新奇套子，似新實腐，恐一落此套，則尤可厭惡之甚。」真可謂是一種徹底的反「格套」的創新精神。

　　「童心」「情致」「性靈」三面大旗，其底色都是一個「真」字，為這個「真」，中國優秀的文藝家戰鬥了幾千年，從屈原到「返自然」的陶淵明，又從「真予不奪」的司空圖到「輸寫肺腑」的蘇東坡，無

不在追求藝術創作的一個真境界，但他們都還沒有觸及不真而假、而偽的病根並欲拔除，李贄、湯顯祖與袁宏道將矛直指孔、孟、程、朱之理道，這應該說是時代發展賦予他們的傑識卓見，是當時爭取人的解放，發展個性自由和爭取文學解放思潮的產物，是王學左派為代表的進步哲學觀在文學創作上的表現，它所向披靡，反對從內容到形式的一切束縛，否定正統封建文學的種種教條和規範，要求表現作家擺脫儒教和道學羈束後的新的人性、具有叛逆意識的思想個性和藝術個性，推動中國的文學藝術走向一個新的時代。

明亡後的清朝，雖然統治階級對思想控制很嚴，但在哲學界和文學界對「道」突破的鬥爭還在繼續著，又不斷地拓開新的局面。比如清初魏禧的「道」只是「明理適事」；「言事莫尚漢，言理莫尚宋」。作為經學家的戴震則公開向程、朱理學發起過猛烈的攻擊。鴉片戰爭前後的包世臣將批判的矛頭直指唐宋八大家特別是韓愈的「道統」「文統」說，指出他不過是「若非言道則無以為自尊其文」，更從根本上否定程、朱理學在政壇在文壇的權威地位。……這個蛻舊變新的過程雖然是艱巨的，但為近代的資產階級文學變革開了新路。

第二節　「藝」「文」觀念的昇華

在歷來的文章家那裡，似乎都恥於承認「能文」也是「藝」的行為和表現，以免有與「方伎」並列之嫌，唐代古文運動先驅人物柳冕早就說過：「文多道寡，斯為藝矣！」這句判決詞，即是周敦頤「不知務道德而第以文辭為能者，藝焉而已」之語所本，可見「藝」是等而下之的一個行為觀念。只有那些重審美的文學家才不諱言「藝」與「技」，如蘇東坡就是一個。李贄也是言「藝」及「技」的，他說過「凡

藝之極精者皆神人也」（《逸少經濟》），已如前述。讓「藝」觀念堂而皇之進入文學領域，承認「藝」是一種高尚的精神行為，與「文」、與「道」有著同樣重要的地位，是中國封建社會的「道統」與「文統」快要終結的時候，才由桐城派作家姚鼐作出如此結論，隨後又由另一位理論家劉熙載稍加歸納和發揮。他們二位是正統的封建文人，姚鼐還是程、朱理學的擁護者（他在《復曹雲路書》中說：「程朱之所以可貴者，謂其言之精且大，而得聖人之意多也。」）。也許，正需要如此人物來作如此結論，「藝」才能抖落千年成見而顯其歷來的偉績豐功。

　　姚鼐是桐城派影響最大的代表作家和文學理論的集大成者。在他之前，桐城派的初祖方苞就提出了一個「義法」說，企圖賦予「文以明道」以新的觀念形態。所謂「義」就是「言有物」，所謂「法」就是「言有序」，「義以為經，而法緯之，然後為成體之文」（《又書貨殖傳後》）。「法」實際上含有技法之意，也就是「藝」，將「法」提到了與「義」並列的地位。桐城派另一位作家劉大櫆論文，很注意探討散文的藝術性，並吸取了不少詩歌藝術理論來豐富文論，如說「行文之道，神為主，氣輔之」。「神」原是詩、畫中的審美觀念，他將「神」「氣」「音節」「字句」視為散文藝術四大要素，由此又生髮出貴「奇」「高」「大」「遠」「簡」「疏」「變」「瘦」「華」「參差」「去陳言」「品藻」等具體的審美要求，把散文藝術與詩、畫藝術溝通起來。他論「文貴遠」說：

　　遠必含蓄。……昔人論畫曰：「遠山無皴，遠水無波，遠樹無枝，遠人無目。」此之謂也。……昔人謂子長文字，微情妙旨，寄之筆墨於蹊徑之外；又謂如郭忠恕畫天外數峰，略有筆墨，而無筆墨之跡。……（《論文偶記》）

也許正是前輩已如此重視文之藝術，並且已下駕向詩、畫學習，所以姚鼐也就對於具體的「藝」分外重視起來，在《敦拙堂詩集序》中說：

> 文者，藝也，道與藝合，天與人一，則為文之至。世之文士，固不可敢與文王周公比，然所求以幾乎文之至者，則有道矣。

本來也是由「道」而「文」，因「文」見「道」之論，但值得注意的是「文者，藝也」，終於將「藝」的行為與結果之「文」等同視之了。在深入探討姚鼐「道與藝合」之前，我們還須弄清他關於「道」的觀念是什麼。

姚鼐尊程、朱理學，講道德，僅限於在倫理學範疇，而當他講文之「道」時，則有兩種意義，一是從文之用的角度：「夫古人之文，豈第文焉而已！明道義：維風俗，以昭世者。君子之志，而辭足以盡其志者，君子之文也。達其辭則道以明，昧於文則志以晦。」（《復汪進士輝祖書》）這是可為世用的儒家之道。二是從「文章之原」的角度，那就是另一種意義的「道」了：

> 吾嘗以為文章之原，本乎天地。天地之道，陰陽剛柔而已。苟有得乎陰陽剛柔之精，皆可以為文章之美。（《海愚詩鈔序》）

這完全是《易傳》「自然之道」的觀點。文章是天地自然之道的產物，是「天地之精英」，因此也得到陽剛陰柔之美。姚鼐將天地之陽剛陰柔之道，看作是一切文章的最高境界：「夫天地之間，莫非文也，故文之至也，通於自然而已。」（《答魯賓之書》）這就要與韓愈之「明道」

和程、朱之「載道」區別開來。他對「道」與「文」都作出了高度和抽象的哲學概括，「道」是「自然」，「文」則「通于自然」，實質上這「道」就轉化為最高的審美境界，這個「道」就不再有倫理學意義而具有哲學和美學的意義。他在著名的《復魯絜非書》，就專對「道」及其所生發之「文」進行美學的評述：

　　鼐聞天地之道，陰陽剛柔而已。文者，天地之精英，而陰陽剛柔之發也。惟聖人之言，統二氣之會而弗偏，然而《易》《詩》《書》《論語》所載，亦間有可以剛柔分矣。值其時其人，告語之體，各有宣也。自諸子而降，其為文無弗有偏者。其得於陽與剛之美者，則其文如霆，如電，如長風之出穀，如崇山峻崖，如決大川，如奔騏驥；其光也，如杲日，如火，如金鏐鐵；其於人也，如馮高視遠，如君而朝萬眾，如鼓萬勇士而戰之。其得於陰與柔之美者，則其文如升初日，如清風，如雲，如霞，如煙，如幽林曲澗，如淪，如漾，如珠玉之輝，如鴻鵠之鳴而入寥廓，其於人也，漻乎其如歎，邈乎其如有思，暖乎其如喜，愀乎其如悲。觀其文，諷其音，則為文者之性情形狀舉以殊焉。

　　這是姚鼐乃至桐城派所有文論中，最精彩的文章美學之論，他從天地陰陽之道揭示出文章（包括詩等一切廣義文學文體）具有壯美和優美兩大審美類型，可以兼而有之，亦可偏勝於一端，這又與作家的情性有關。不管偏於哪一端，都可極文章之道。但也不能「偏勝之極，一有一絕無，與夫剛不足為剛，柔不足為柔者，皆不可以言文」。
　　弄清了姚鼐是將「道」當作至高的審美境界，我們就可弄清他關於「藝」的真正含義。首先，「藝」是作家創作至「道」之「文」的才

能和手段，他要將心中所感悟、所體驗到的物件之美表現出來，就非「藝」不可。在《荷塘詩集序》中，他強調「心手之運」：

夫詩之至善者，文與質備，道與藝合，心手之運，貫徹萬物而盡得乎人心之所欲出。欲是者，千載中數人而已，其餘不能無偏，或偏於文焉，或偏於質焉。

這裡所說的「文」是指文采，「道與藝合」則是指「至善」之詩賦文章，「貫徹萬物」又盡得乎「心之所欲也」，就是指藝術手段的運用了。將心中所嚮往的審美境界通過藝術的創造得以外現，就出現了「文與質備」的文章。姚鼐還認為「心手之運」有高下之分，人的藝術才能有大小之別，藝術素養有淺深不同。「小才嵬士，天機間發，片言一章之工亦有之。而裒然成集，連牘殊體，累見詭出，閎麗璀變，則非巨才而深於法者不能。」（《敦拙堂詩集序》）這裡最關鍵又是「天與人一」，即人要真正地體悟天地之道的奧妙，在這個「道」裡獲得了自由，他的「藝」就不會是偶爾的自發行為，而是自由而自為地發揮了。「藝」，以前的文章家都以「法」言之，但凡是有「法」就有「則」，有「則」就成了「定法」，與「心手之運」的自由、自為的發揮就不完全是一回事，於「藝」有所差別。姚鼐在《答翁學士書》中，對官居內閣學士的翁方綱「勉以為文之法」，回他自己的心得感受，對於為文之「藝」就是「無定法」作了委婉的辯解。在進入正題前，他先舉射箭之例以明之：

今天下之善射者，其法曰：平肩臂，正胠，腰以上直，腰以下反句磬折，支左詘右，其釋矢也，身如槁木。苟非是，不可以射。師弟

子相授受，皆若此而已。及至索倫蒙古人之射，傾首欹肩僂背，發則口目皆動，見者莫不笑之。然則索倫蒙古之射，遠貫深而命中，世之射者，常不逮也。然則射非有定法，亦明矣。

　　詩文無定法，「法」與「技」是聯繫在一起的；文人之「藝」是精神性的，即使作文的一些具體的技能、技巧，進入到了精神領域，也就不再是一般的「法則」所能界定得了。姚鼐接著陳述他對「道」與「技」的看法：

　　夫道有是非而技有美惡，詩文皆技也。技之精者必近道，故詩文美者，命意必善。文字者，猶人之言語也。有氣以充之，則觀其文也。……無氣，則積字焉而已，意與氣相禦而為辭，然後有聲音節奏高下抗墜之度，反覆進退之態，采色之華。故聲色之美因乎意與氣而時變者也，是安得有定法哉！

　　他沒有否定「藝」最基本的要素「技」，但這個「技」包孕在作家的「氣」與「意」之中，這就點明了詩文之技的精神性質，由此而可說技無定技、法無定法。姚鼐已接近了畫家「我自用我法」的認識，這不但對翁方綱「定法」之說的糾正，也是對方苞、劉大櫆「義法」理論的提高。郭紹虞先生說過：「天與人一」「道與藝合」「意與氣相禦而為辭」，是姚鼐文論的三部曲。「天與人一」強調的是作者的天賦才能，也包括「文章之原，本乎天地」的成分，「道」以至「意」與「氣」，都取決於作者個人的學識與修養。兩者「合」與「一」，而後可

稱「天下之雄才」[1]。作家足稱「雄才」者，其作品「即之而光升焉，
誦之而聲閎焉，循之而不可一世之氣，勃然動乎紙上，而不可禦焉；
味之則奇思異趣，角立而橫出焉」（《海愚詩鈔序》）。這樣的作品，不
管它是文是詩，「神、理、氣、味、格、律、聲、色」都全了，是作家
「氣」與「意」之盛，也有賴於「藝」之功。

　　在「道與藝合」的總原則之下，就如何「合」的問題，姚鼐又具
體提出「義理」「考證」「文章」。「義理」「考證」主要是講作家後天
的修養，由此二者而庶幾於進乎「道」，再與「藝」合而得不朽之文
章。當姚鼐進入到「義理」之類具體的論題時，他崇程、朱的面目又
出現了，因與本題關於「藝」的觀念昇華已無多大關係，若贅述，反
於對他來說已經是比較超脫的「藝」的觀念有所累。

　　總之，人們為之修煉了兩千餘年的「藝」，在文學藝術領域內由
「百工」而至造型藝術，而至詩詞歌賦，最後而至「經國」之文章，終
於得到完全的承認而成正果了。姚鼐在這一點上突破了歷來的正統儒
家尤其是程、朱理學的偏見，將「下學」之「藝」和不能入「道」之
「藝」，昇華到可以與「道」合的境界。以「道」為「藝」之本原為起
點，到「藝」與「道」合為終點，建構了一個以「道藝」觀為主幹的
文學理論體系。黃保真先生在他為《中國文學理論史》撰寫的《清代
文論》[2]一章中，為這一文學理論設計了一個圖示，頗清晰明瞭，請允
許我援引於此：

1　參見《中國文學批評史》，上海古籍出版社1979年版，第650頁。

2　《中國文學理論史》第4冊，第291頁。

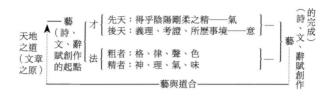

　　比姚鼐晚出半個多世紀，晚清學者劉熙載也給了「藝」很高的歷史地位，他在《藝概》和《遊藝約言》等論著中，都集中或涉及了「藝」的論述，尤其是《藝概》一書，分門別類探討了文、詩、賦、詞曲、書法的藝術創造理論，評析歷代作家藝術家創作得失，試圖總結一些藝術規律，在〈藝概序〉中，闡述了他的藝道關係觀：

　　藝者，道之形也。學者兼通六藝，尚矣！次則文章名類，各舉一端，莫不為藝，即莫不當根極於道。顧或謂藝之條緒縷繁，言藝者非至詳不足以備道。

　　這一觀點遠通於莊子，近承接了姚鼐「文者，藝也」的認識，並有所深化。按傳統觀念，文是「道之形」，「貫道之器」，劉熙載直言「藝」即「道之形」，大大抬舉了「藝」。實質上也是如此：沒有人之「藝」，便沒有人之「文」，因為「人文」畢竟不是自然之「文」，而是仿自然而為「文」；沒有「文」，也就談不上「明道」和「貫道」，所以從行為與結果看，「藝」「文」「道」是三位一體的。說「藝」「莫不當根極於道」，反過來說，「道」在文章詩賦之中，亦莫不當發派於「藝」。為此，劉熙載強調了「藝」是人的行為的性質，這種行為，上與天合，下與物合，內與心合，就可以創造出優秀的藝術品：

　　書，如也。如其學，如其才，如其志，總之曰，如其人而已。

（《藝概》〈書概〉）

　　人的藝術行為，是將自己表現於自己創造的物件之中，這本是唐宋詩論家在詩歌藝術中早已悟及的精旨要義，劉熙載將它推及所有的藝術樣式中去：「詩品出於人品」（《藝概》〈詩概〉）、「賦尚才不如尚品」（《藝概》〈賦概〉）、「詞莫先於品」（《藝概》〈詞概〉）、「筆性墨情，皆以其人之性情為本」。還説：

　　書貴入神，而神有我神、他神之別。入他神者，我化為古也；入我神也，古化為我也。（《藝概》〈書概〉）

　　這與石濤説他五十年能畫山川，我傳山川之神，五十年後畫山川，山川傳我之神之説，如出一轍。他談到藝術創造中我與物的關係時説：「在外者物色，在我者生意，二者相摩相蕩而賦出焉。若與自家生意無相入處，則物色只成閒事，志士遑問及乎？」（《藝概》〈賦概〉）這些，劉熙載都在於強調人的主觀能動作用，而藝術行為就是其具體之表現並付諸實踐，如敍事的藝術：

　　敍事要有法，然無識則法亦虛；論事要有識，然無法則識亦晦。（《藝概》〈文概〉）

　　在《藝概》中，各個門類都涉及了大量的藝術技巧、手法問題，有的是他自己的見解和發現，但大多確如他自己引用莊子之話所云「概乎皆嘗有聞」，繼則「觸類引申」，比較早已成熟的繪畫理論與詩歌理論，無多超越之識。但因為他以「藝」冠其書名（這在詩論界早就有

了，如明代就有《談藝錄》《藝苑卮言》等）並「概」及所有以語言文字表述的文體，無疑是自姚鼐之後更廣泛地張揚「藝」的地位和作用，轉變了人們（直到清代《圖書集成》的編纂者）「藝術」就是「天文曆算」「圖宅相塚」之「眾術」的頑固觀念。

第三節 「藝與道合」──「堪留百代之奇」

經過一番艱難的跋涉，總算對連綿了兩三千年的「藝」與「道」的源流、發展，及其在不同時代、不同學派、不同社會階層、不同文學藝術體式的領域內的發生和存在方式，分別作出了一番粗淺的考察，有了一個輪廓性的認識，大體可以歸納如下幾點：

1.「藝」與「道」，是一對比「文」與「質」更大的審美範疇，它將「文」與「質」包容於其中。一般地説，「道」往往直接或間接作用於「質」，不管是「天道」或「人道」，它們都高踞於人們的精神領域。文學藝術，作為人們的一種精神創造的活動，在對審美物件「質」的把握中，或多或少會體現出他們有什麼樣「道」的觀念。司空圖説「少有道契，終與俗違」（《詩品》〈超詣〉），「道」是一種最高的精神境界，雖未必完全與「道」相合，但只要近於「道」，作品就不是凡俗的了。「藝」則是直接作用於「文」，一切「人文」，實際上都是人們通過技藝這種特殊行為創造出來的，作為人的精神產品，「藝」也上升為人們的精神行為，是「智術」和「心術」，它得於心而應於手，「孤姿絕狀，觸毫而出」，凝而為「文」，於是有呈現於人們耳目之前的種種感性美的形態。因此，「文」與「質」的結合是內容與形式的統一，作為精神產品的實體（有物質的文字、聲音、線條、色彩）是有形的呈現，而「道」與「藝」便只是隱形的存在了。對這一精神產品認知或審美鑒賞

的讀者或觀眾，就通過對「質」與「文」分析品評，去體察其中所蘊含的「道」之奧與「藝」之妙。

2.「道」，「天道」使人窮「物理」，「人道」使人盡「人倫」，如果按照馬克思所說，「自然中所含的人性的本質只有對於社會的人才存在」，那麼這兩種「道」有著不可分割的內在聯繫。自然化的「天道」，更多地被人們用來認識和把握「變動不居」的客觀世界，使他們「不僅來觀賞這全部的宇宙的壯觀，而且還熱烈地參加其中的競賽」，激發進行物質和精神創造的熱情。而倫理化的「人道」，更多地被人們用來規範人的社會的政治制度，維護社會與人的心靈的安定，消解人與人之間的對立沖突，把人們的物質勞動與精神勞動都納入種種秩序和規矩之中。大多數的人對於兩種「道」的觀念實際上是都不拒絕的，但當人們有生活境遇的不同，思想政治態度的不同，精神勞動的物件不同，對於兩種「道」的觀念便有不同的偏重，不同的取捨。韓愈的「志乎古道」與司空圖的「俱道適往，著手成春」，便表現為他們的文與詩不同的「質」。不少中國古代文人有著雙重的人格，他們一生中有時強調倫理化的人道，有時又逸放於自然化的天道。強調前者可能是正志得意滿之時，高唱「兼濟天下」，這是「進於儒」；逸放於後者往往是失意落魄之際，自勉「獨善其身」，這是「退於道，逃於禪」，他進與退時的作品便有不同「質」的表現，典型者如白居易「諷喻」詩與「閒適」詩的區別。又由於不同文體的審美特徵與作用有別，使同一位作家在創作不同文體時對「道」各有取捨，歐陽修的「古文」寫作是非常嚴肅的「道勝文至」，而他的詩，尤其是「小詞」，卻是重「情致」不避「濃豔清香相間發」。蘇軾說他「論大道似韓愈，論事似陸贄，記事似司馬遷，詩賦似李白」（《〈居士集〉序》），其文、詩、詞之「質」不同如此。「道」的觀念決定「質」的存在似乎是絕對的，但在任何一

位作家，他對「道」的體認與運用可以是相對的，朱熹不也寫出了「半畝方塘一鑒開，天光雲影共徘徊。問渠那得清如許，為有源頭活水來」（《觀書有感二首》其一）那樣富於自然哲理意味的詩嗎？

3. 制約「藝」的因素很多，一是人的才能，二是實用的功利的目的，最重要的人的頭腦中「道」的觀念。人們的多種藝術的行為，與個人天賦之才和後學之能，有最直接的關係，「藝」的初級形態「技」，有一般的才能便可達到，但若進到「疑神」之技即「藝」的境界，從「游於物之內」向「游於物之外」飛躍，則往往是才高者，通過刻苦訓練而成為最能者，從而有一逞之藝。人的功利觀念的束縛，往往影響人的藝術才能自由的發揮。莊子筆下的梓慶「削鐻之技」之所以能達到「疑神者」，他首先是「齊（齋）三日而不敢懷慶賞爵祿；齊（齋）五日不敢懷非譽巧拙」（《莊子》〈達生〉），然後才能「凝神」於自己創造的物件。中國古代很多作家藝術家，大多數是淡於功利之求之後才取得很高的藝術成就，韓愈正是「未得位」，使他能夠寫出一些「大稱意」而使世人「大怪之」的作品來。嚴羽說作詩「吟詠情性……惟在興趣」，也就是要淡化與功利觀念有一定聯繫的理念，才能進入「透徹之悟」。取什麼樣的「道」的觀念，常常對人的藝術才能的發揮產生潛移默化的影響。當一位詩人或藝術家游心騁思於八極之外時，當它對「返虛入渾，積健為雄」、陽剛之美與陰柔之美兼具並陳的大自然投以驚奇的審美目光時，他便會產生與「天工」爭巧的創作衝動，從而使他的藝術創造極盡「天下之能事」，才能與技巧都獲得充分的、高度自由的發揮，他的生命的本質力量整個地投入而獲得物件化的實現。中國古代的詩藝與畫藝，就是畫家與詩人體認並欲表現「自然之勢」、創造「象外」之境，才有了長足的進步，才有「詩而入神」「神遇而跡化」。中國畫論、詩論乃至文論，談到那種與「道」合的最高藝術境界

時，幾乎無一例外是指的「自然之道」，就連姚鼐這樣思想上是遵程、朱的作家，當他談到文章之「藝」時，卻毫不含糊地以天地為文章之本原，以天地自然陽剛陰柔之美為人文之美的範本。中國倫理化的人道，它主要給人以秩序和規矩，由社會政治的秩序進而轉化為人們精神與物質勞動的秩序和規矩；它可以引導人們「入」，卻限制人們「出」，規矩可以使人「能」，但不能使人「巧」。儒家的倫理道德種種規範，甚至要扼殺人的天賦才能，設想如果班固與屈原並世並為屈原之師，屈原能成為中國第一位偉大的抒情詩人嗎？班固指責屈原「露才揚己」，不也是「大怪」屈原藝術才能的自由發揮、「發於情」又未能「止乎禮義」嗎？及至程、朱理學出，將儒道推向極端化，實要存一人之「天理」而滅億萬人之「人欲」，人們最起碼的審美觀念都要泯滅，如果按那種「道論」行事（實際上他們自己也不能完全做到，朱熹便有鬆動），人類一切藝術行為都要取消了。姚鼐毫不客氣地批評過他們的滅「藝」輕「文」的主張：「世有言義理之過者，其辭蕪雜俚近，如語錄而不文。」（《述庵文鈔序》）「語錄」就是指周、程、邵、朱那些「語錄體」道論。

4.「藝通於道」或「道與藝合」，是從莊子開始探討的一個哲學命題，更是一個美學的命題。綜合而言就是藝術哲學的命題。從原理上說，「道」「藝」關係實際上包含著中國藝術哲學的本體論。「道」是本體而賦予藝術創造的實質性內容，決定藝術家的藝術態度與行為；「藝」，通過它的行為的結果而賦予實質性內容以表像與形式（具有感性美即「文」）；「道」與「藝」在人的精神創造和物質創造的具體產品中「合」，通過「文質彬彬」合。宗白華先生說：「中國哲學是就『生命本身』體悟『道』的節奏。『道』具象於生活、禮樂制度。『道』尤表像於『藝』，燦爛的『藝』賦予『道』以形象和生命，『道』給予『藝』

以深度和靈魂。」[3]大體上是如此，但我們還要進一層分清：「文與質合」不能等同於「藝與道合」；「藝與道合」的最佳結果在「自然之道」的本體範疇之中，而不在倫理化的「人道」本體範疇之中。孔子是輕視「藝」的，視「藝」為「鄙事」，但不妨礙他重視「文」，他不認為「文」是「藝」的行為必然的結果，「文」的實現最重要的途徑是個人人性人格的修養，所以他的「文質彬彬」可以理解為「文與道合」，但絕不是「藝與道合」。至於宋代理學家，對以「文辭」為「藝事」是鄙薄的，他們提出的「文所以載道也」「文皆是從道中流出」等說，並不是反對「道」與「文」分裂的二元論，其實質恰恰是取消「文」相對獨立的地位，或說是「道」對「文」實行專制。「道」即「文」，如果以此推論，語錄論道之文就是最好的文學藝術作品了，顯然荒謬至極。所以他們是從分裂「質」「文」，而從根本上否定了「藝」可以通「道」，可以與「道」合。真正的「藝」與「道」合，有一個重要的前提，那就是「道」在哲學意義上是「自由」的象徵，是自然與人的生命的節奏，是「由宇宙落向人生的系統」，它必須是「形而上」的。儒家的「人道」最先還可說是「自然之道」落向人生，但經過漢代的經學家與宋代的理學家強化性質的發揮，使「人道」完全異化於「自然之道」，使人的自然之性被窒息，人的精神自由被取消，以「修身齊家治國平天下」的最大的功利目標，使倫理化的「人道」落到了便於實用的「形而下」的地位，如果在這個層次上談「藝」與「道」合，最佳結果也不過是「游於物之內」，永遠不能「游於物之外」。當人們把「道」視為自由的象徵，如司空圖所體悟的：「具備萬物，橫絕太空，荒荒油雲，寥寥長風，超以象外，得其環中，持之匪強，來之無窮」（《詩品》〈雄渾〉），

3　《美學散步》，上海人民出版社1981年版，第68頁。

那樣，人的精神也就自由了，他也能「行神於空，行氣如虹」。既然
「道不自器，與之圓方」，那麼人的藝術才能與技巧的發揮也就能「隨
物賦形，而不自知也」。我們是否可以作出這樣的結論：中國藝術哲學
關於「道與藝合」，就是人與自然和諧的統一，自然界的規律與人的
「內在的尺度」的吻合。人有個性的自由和精神的自由，作為精神行為
的「藝」自由發揮，便可以通向「不自器」之「道」，「合」主、客體
自由之質於一體，人的本質力量在他的創造物中物件化、物化，自然
之物則在人的創造物中「人化」，人的物件化與自然的人化雙重實現，
最後「合」而為「不知何者為我，何者為物」的最高境界。那個經過
五十年修煉而最後達到了「神遇而跡化」的清代大畫家石濤，他有一
首題畫詩，頗有藝術哲學的意味，也可能就是他一生追求「藝與道合」
的心血結晶，讓我們吟詠、體味一番來結束這一次漫長的跋涉吧！詩
云：

　　天地氤氳秀結，四時朝暮垂垂。
　　透過鴻濛之理，堪留百代之奇。

跋

　　這是我進入古代美學、文論研究領域以後的第一部書稿，也是我的第一部專著。正像寫了若干短篇小說的人著手寫長篇小說，開始會感到力不從心，尤其「文」「質」「藝」「道」四個字組合的兩對審美範疇，在此以前未系統而深入地研究過。讀大學時，曾聽說過那些很有學問的教授，講一個字可以用一周或幾周的課時，我曾納悶：一個字哪有那麼多可說的？是不是說了不少廢話，即所謂「博士買驢，書萬言不見驢字」？待我進入這四個字以後，才知道那並非虛話。中國的每一個文字及這些字所蘊含的意識觀念若要從頭道來，果然是非「萬言」所能盡的。我們的祖先創造文字，好像抓一把種子撒在土裡，就能長出一棵棵樹，今天我們看到了這一棵樹的外部形狀，知道它有什麼樣的作用，開什麼樣的花，結什麼樣的果，但若要問它為什麼長成現在這個樣子，為什麼開這樣的花而不開那樣的花，結這樣的果而不結那樣的果？用民間一句話，那就是要「斫樹盤根」了，非一朝一夕的工夫，甚至要深入地表下去考查：當時這一粒種子落土之後，首先

是怎樣生出根須的？這些根須是怎樣走向的（向土壤深處還是旁及四周）？吸收了一些什麼樣的營養？發芽往上長之後，是否被剪過枝、接過枝，又被後來人施注過哪些新的營養，才長成目前這個樣子？我於「文」「質」「藝」「道」四個字，在「盤根」之後，才知道它們作為「種子」時的原始形態與今天我們所見到的意義狀態已大不相同，演繹為「文質彬彬」「藝與道合」，更是一種非常複雜的生態！於此又進而想到，一個民族的語言文字的「土壤」，實是這個民族的思想意識、智慧、良知，它非常能動地培養這些種子發芽生長、發育成長，長成它所設想、所期待的狀態。遠古時代的傳說中，將生長不已的土壤稱之為「息壤」（《山海經・注》：「息壤者，言土地長息無限，故可以塞洪水也。」）。我僅僅是對「文」「質」「藝」「道」四個字的觀念發育、審美範疇的形成作了一點考察，便驚歎中華民族代代傳人的頭腦是一片多麼肥美多麼遼闊的「息壤」，傳到我輩，絕不能讓這片「息壤」變得貧瘠而狹隘！

這部書稿完成於一九八八年十一月（三年後印行過一次），在此之前，我雖然寫了幾篇有關古代詩學的文章，但主要精力還在新詩研究方面，對於古代典籍原本尚少涉及更談不上深入，寫新詩論文引用的古人之言，多憑做學生時泛讀古代文論詩話時摘錄的卡片。因未受到嚴格的文字學、文獻學、訓詁學等專門學問的訓練（六〇年代初，一個省級師範學院的中文系學生能學到什麼，可想而知），做資料卡片也不那麼地道。我曾將一九八九年出版的《新詩的哲學與美學》送給同系的一位年長且很有學問、已在帶研究生的老師「請賜教」，可是他不肯當面賜教，而是於四年之後（一九九三年）發表了一篇文章，在我寫於一九八六年和一九八七年的兩篇新詩論文中，挑出了兩處「硬傷」。出乎我意料的是，七年之後（二〇〇〇年）又在某報發表一文，

將這兩處「硬傷」重提，並説我這「知名的古代文論專家」，不過是襲自珍所譏諷的「儉腹高談」之輩。……我想，如果以今天「知名」而揭十幾年前的「硬傷」傷疤，無異於對一個大學生挑他小學作文的毛病，一個飽讀聖賢書的學問中人，為什麼不能對學生輩的同事採取「誨汝諄諄」的態度呢？

但我非常有幸地遇到過「誨汝諄諄」的先生，那就是中國人民大學的兩位知名教授——蔡鍾翔先生和黃保真先生。他們向我約這部書稿時，與我只是在一個學術會議上有一面之識，他們完全知道當時的我「功底有待加深」。當這部書稿勉強交出時，首先是黃保真先生，「他以極為認真和負責的態度，細心審閱，在我潦亂的文字間進行了不厭其煩的修改，就很多理論問題無私地貢獻了他的真知灼見，並提示不少我尚未掌握的原始資料。當初稿重回我手時，我深為學術界存此赤誠之心而感佩！」在黃保真先生的指導下，我又以五個多月的時間，「將全書幾乎是重寫了一遍，再度送審，又經過黃保真、蔡鍾翔二位先生精心修改……」（錄自1989年2月24日所寫之後記）。我的第一部專著，就是在黃、蔡二位先生手把手提攜下寫成的，自此而後，我才全方位試涉古代美學、文學、詩學領域，十年間又寫了四部專著（且每部都有30萬字以上）。「發蒙」之作是怎樣寫成的，我是終生也不會忘記的！

正因為我搞古文論是半路出家，功底遠不如一輩子專研古代文學文論的老先生們精深，或也趕不上從過名師取得過碩士、博士學位的中青年學者，因此，每交出一部書稿都心懷惴惴，要在後記中表明自己向專家向讀者求教的渴望，或曰：「由於本人學識所限，書中對古人言論理解錯誤或論斷大謬之處，估計在所不少，讀者眼睛雪亮，我渴求認真的、科學的、這種或那種形式的批評。春風的和煦，霜雪的淩

屬，我都將滿懷喜悅地消受。」（《中國詩學體系論・跋》）或曰：「……
淵博的專家，若對拙文所失，或不吝私下賜教，或公之於眾而杜絕以
訛傳訛，只要是至誠之言，借用《需》〈六四〉〈象〉一句話：『順以聽
也。』」（《周易與中國文學》〈後記〉）

　　學海無涯，可以載舟亦可覆舟，我只能是「終日乾乾，夕惕若」
啊！

　　本書在此次重版時，原有部分沒有什麼大的修改。原先研究「文
質」範疇重點放在文學領域，後來發現魏晉的人物品藻與繪畫藝術的
品評，也常及於「文質」，因而增寫了《「文質彬彬」美學意義的延伸》
一章，揭示從兩漢充滿功利意識的「文質」觀向文學自覺時代「為藝
術而藝術」的「文質」觀念之演化，有這麼一個重要的仲介環節。近
幾年對《文心雕龍》的研讀比十年前也深入一點，一九九八年發表的
《「風骨」新論》，較之本書《「文」「質」結合的新範疇》似乎增添了
些許新見，且附錄於上編之末。

　　拉拉雜雜又寫了以上幾段文字。二十世紀即將過去了，在學術方
面，一切該得到承認或該受到嘲弄的，都讓歷史去承認或嘲弄吧！

　　　　　　　　　　　　　　庚辰之夏，花甲之歲，離贛入閩
　　　　　　　　　　　　　前之七月十九日，寫於洪都詩學齋

昌明文庫·悅讀美學 A0606003

文質彬彬 下冊

作　　者	陳良運	
責任編輯	楊家瑜	

發 行 人	陳滿銘
總 經 理	梁錦興
總 編 輯	陳滿銘
副總編輯	張晏瑞
編 輯 所	萬卷樓圖書股份有限公司
排　　版	菩薩蠻數位文化有限公司
印　　刷	維中科技有限公司
封面設計	菩薩蠻數位文化有限公司

出　　版	昌明文化有限公司

桃園市龜山區中原街 32 號

電話 (02)23216565

發　　行　萬卷樓圖書股份有限公司

臺北市羅斯福路二段 41 號 6 樓之 3

電話 (02)23216565

傳真 (02)23218698

電郵 SERVICE@WANJUAN.COM.TW

大陸經銷

廈門外圖臺灣書店有限公司

電郵 JKB188@188.COM

ISBN 978-986-496-359-1

2018 年 1 月初版

定價：新臺幣 300 元

如何購買本書：

1. 轉帳購書，請透過以下帳戶

合作金庫銀行 古亭分行

戶名：萬卷樓圖書股份有限公司

帳號：0877717092596

2. 網路購書，請透過萬卷樓網站

網址 WWW.WANJUAN.COM.TW

大量購書，請直接聯繫我們，將有專人為您

服務。客服：(02)23216565 分機 610

如有缺頁、破損或裝訂錯誤，請寄回更換

版權所有·翻印必究

Copyright©2016 by WanJuanLou Books CO.,

Ltd.All Right Reserved　**Printed in Taiwan**

國家圖書館出版品預行編目資料

文質彬彬/ 陳良運作.-- 初版.-- 桃園市 ： 昌
明文化出版 ；臺北市 ：萬卷樓發行, 2018.01
　　面 ；　公分.--(昌明文庫. 悅讀美學)
ISBN 978-986-496-359-1 (下冊:平裝)

1.中國美學史

180.92　　　　　　　　　　　107002683